Un sistema creativo deja espacio para la individualidad.

Solicite información detallada o visite nuestras exposiciones.

Distribution for Spain: Unidad de sistemas modulares SL, C/Galileo no 224, local 9, 08028 Barcelona
Tel. +34 933 390 204, Fax +34 933 390 188, usminfo@telefonica.net

USM showrooms: **Milano** Via S. Radegonda 11, **Berna** Gerechtigkeitsgasse 52, **Berlín** Französische Strasse 48
Hamburgo Neuer Wall 73–75, **París** 23 Rue de Bourgogne, **New York** 28–30 Greene Street
Headquarter: USM U. Schärer Söhne AG, 3110 Münsingen/Switzerland, Tel. +41 31 720 72 72, info@usm.com
www.usm.com

Sistemas Modulares

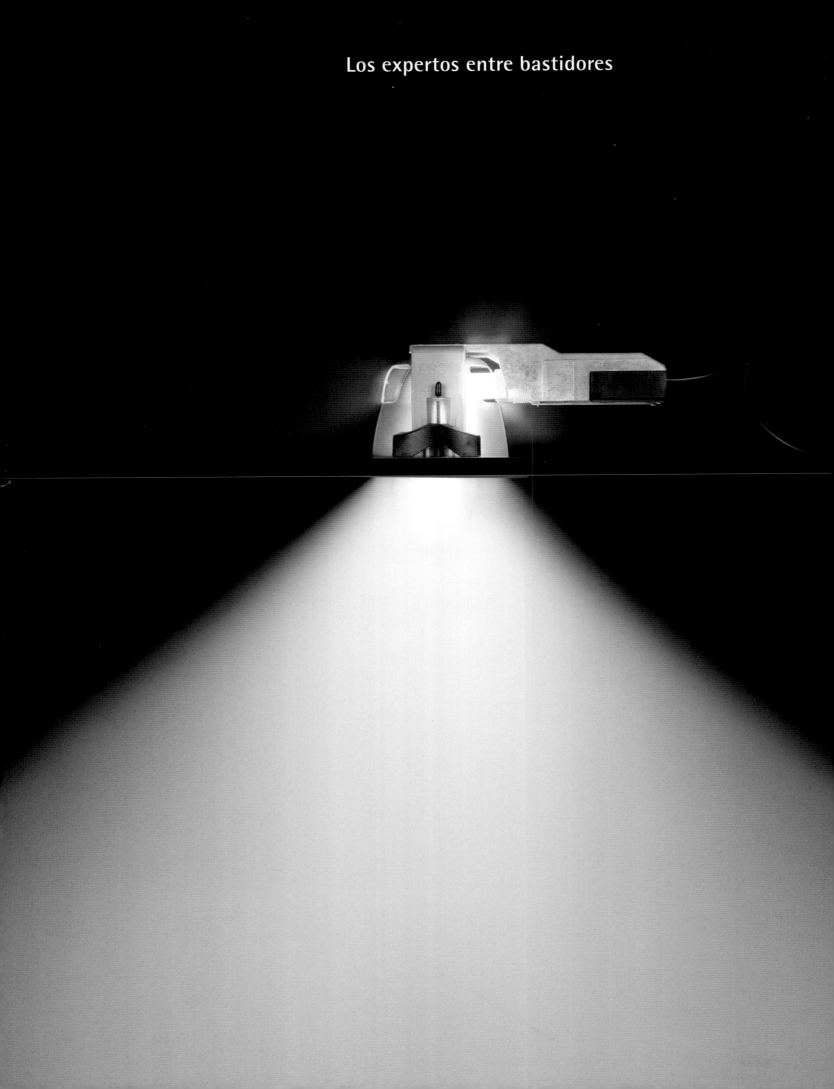

Los expertos entre bastidores

El mundo ya resulta suficientemente complicado. Es por ello que nos hemos propuesto hacerlo más sencillo. Aunque es importante que la técnica funcione, no tiene por qué estar expuesta a la vista. Al contrario, la magia surge precisamente cuando no podemos distinguir la fuente física de la que procede la luz que percibimos con nuestros sentidos. Luz en vez de luces. El mejor ejemplo lo constituyen las luminarias empotrables de techo, de las que sólo se llega a apreciar el orificio del reflector perfectamente perfilado en el elemento arquitectónico. Este sistema avanzado de iluminación va escondido en la cavidad del techo: downlights con reflectores Darklight antideslumbrantes para lograr una cálida iluminación general, bañadores de pared para una perfecta iluminación de superficies verticales o bien proyectores orientables para destacar de forma flexible zonas y objetos en un espacio. Utilice la luz para dividir, organizar o presentar, nosotros le proporcionamos las herramientas que necesita.

La luz es la cuarta dimensión de la arquitectura: www.erco.com

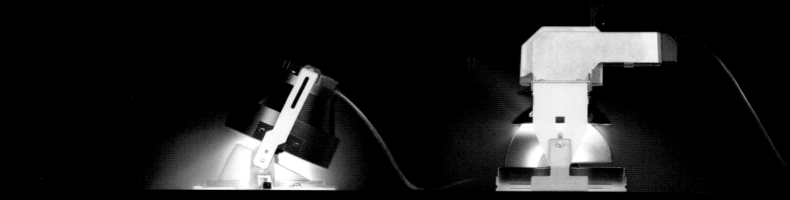

oken®

Narváez, s/n - Pol. Ind.
"Can Jardí" - 08191 Rubí
Barcelona - España
Tel +34 93 588 25 68
Fax +34 93 588 03 45
oken @ oken.es

www.oken.es

ARQUITECTURA...

RED032.COM

gala
El Arte del Baño

INTERIOR.

COLECCIÓN MINIMAL

Los nuevos sanitarios y mobiliario de baño **GALA** tienen unas líneas límpias, cercanas al nuevo minimalismo arquitectónico, y muy prácticas; como la grifería integrada dentro de la cubeta del propio lavabo.

Sí desea más información sobre los productos Gala solicítela en el fax 947 47 41 03 o e-mail: general@gala.es - www.gala.es

Our brand is fluent in the languages spoken in more than 130 countries.

To provide true global leadership, you have to make yourself heard and understood on a universal scale. Already the European market leader in sanitary products and systems, GROHE has emerged as a world-leading brand with substantial potential for continued growth. As a result, GROHE is perfectly poised to push ahead its global strategies, setting new standards of excellence for high-quality products, designer lines and innovative technologies. **www.grohe.com**

ESPACIO PATROCINADO POR CLIMA INDUSTRIAL PANASONIC.

DE 4 HP A 48 HP

Climatización Industrial FRV Inverter:
Gana espacio.

A partir de ahora, muchos metros cuadrados de tu proyecto pueden estar patrocinados por Panasonic. Porque su amplia gama de climatización industrial, de 4 a 48HP, se adapta a cualquier tipo de instalación y te ofrece las mejores soluciones para ganar espacio y ahorrar costes:
• Reducción drástica del espacio de instalación, debido a la disminución del tamaño y peso de las unidades exteriores. • Diseño de las unidades exteriores e interiores que permite obtener niveles sonoros muy reducidos. • Tecnología Inverter, que aporta al sistema FRV mayor eficiencia, lo que genera un gran ahorro en el consumo eléctrico. • El uso del gas refrigerante R-410 permite utilizar menor diámetro de tuberías, reduciendo cantidad de refrigerante y coste de instalación.
AHORRO DE ESPACIO Y DINERO. UNA IDEA DE PANASONIC PARA APORTAR SOLUCIONES DE CLIMATIZACIÓN A TUS PROYECTOS. PANASONIC. IDEAS FOR LIFE. **Descubre más en www.panasonicclima.com**

Panasonic
ideas for life

LA ARMONÍA
DEL ESPACIO
BAJO CUBIERTA

ILUMINANDO SU VIDA

© 2005 VELUX Group.
® VELUX y VELUX logo son marcas registradas de VELUX Group.

VELUX®
LA VENTANA PARA TEJADOS

AENOR
Producto
Certificado
VENTANAS

GARANTÍA PARA VENTANAS, TAPAJUNTAS Y ACRISTALAMIENTOS
10 AÑOS

Atención al Cliente
902 400 484
Servicio técnico
902 902 369

ARQUITECTURA SOSTENIBLE

ALTO TRÁNSITO COMERCIAL

Una atractiva propuesta de Roca

La nueva gama de Madera Cerámica es la solución ideal para espacios comerciales de Alto Tránsito. Los más bellos acabados, obtenidos de una manera más ecológica y sostenible y con las más altas prestaciones del porcelánico de Roca. Conceptos como mantenimiento fácil, durabilidad y la alta resistencia al ataque químico, al desgaste o a la abrasión cobran fuerza en aquellos proyectos donde el lucro cesante por mantenimiento de las instalaciones pueden ser un problema.

Departamento Proyectos
proyectos@rocatile.com

El estilo se define como el arte de resaltar los detalles.

Los pequeños detalles distinguen el buen diseño del estilo clásico común. TORSO, un toque creativo que, en el ámbito funcional de la iluminación de oficinas, también destaca por su eficacia y efecto.

Diseño: Daniel Kübler

www.trilux.de/larc

LUZ + ARQUITECTURA

www.trilux.es

ARQUITECTURA SOSTENIBLE

FACHADAS VENTILADAS DE CERÁMICA

Una bella propuesta de Roca

La fachada ventilada es como una piel ecológica que da confort y embellece los edificios. Construcción sostenible, ahorro energético, aislamiento acústico, mantenimiento fácil, son hoy conceptos dominantes entre los arquitectos más avanzados. Roca ofrece además la mas bella colección de piezas cerámicas concebidas para fachadas, un servicio al arquitecto con proyectos llaves en mano y la confianza y seguridad que solo puede dar esta gran compañía.

Formatos extraordinarios

30 x 60	30 x 120
60 x 60	60 x 120

Departamento Proyectos
proyectos@rocatile.com

BATIR AUTREMENT®

Para visitar, contactar:
Reed Expositions France - BATIMAT
Tel: +33 1 70 59 91 84 - Fax: +33 1 47 56 51 93
www.batimat.com - email: info@batimat.com

www.batimat.com

BATIMAT®
SALÓN INTERNACIONAL 2005
DE LA CONSTRUCCIÓN
7-12 de Noviembre
PARIS EXPO • PORTE DE VERSAILLES PARIS • FRANCIA

El Desarrollo Sostenible es actualmente una realidad en el sector de la construcción. Este desafío cultural, tecnológico y económico se impone para dejar a las futuras generaciones, construcciones que preserven la salud, el confort y el bienestar de las personas. BATIR AUTREMENT se ha convertido en un imperativo: desde la concepción arquitectural hasta la puesta en marcha, la movilización es general.

BATIMAT 2005, el observatorio de todas las tendencias, presentará a los Prescriptores, Directores de Obras/Promotores, Empresarios y Comerciantes, las nuevas oportunidades de innovación, de formación y de creación de valores para todos los profesionales del sector.

BATIMAT, salón internacional especializado en la construcción, acogerá del 7 al 12 de noviembre de 2005 a más de 400.000 visitantes y a 2.600 industriales internacionales del sector de la Construcción entorno a 6 Sectores: Obra Estructural, Carpintería & Cerramientos, Acabados & Decoración, Material & Herramientas, Construcción Inteligente, Informática & Telecomunicaciones, así como un nuevo sector consagrado a la formación, a la contratación, a la transmisión de empresas y a los servicios.

Participar en BATIMAT 2005, es contribuir a edificar un mundo sostenible.

Organised by

Reed Exhibitions

| Obra Estructural | Carpintería & Cerramientos | Acabados & Decoración | Material & Herramientas | Informatica & Telecomunicaciones | Construcción Inteligente |

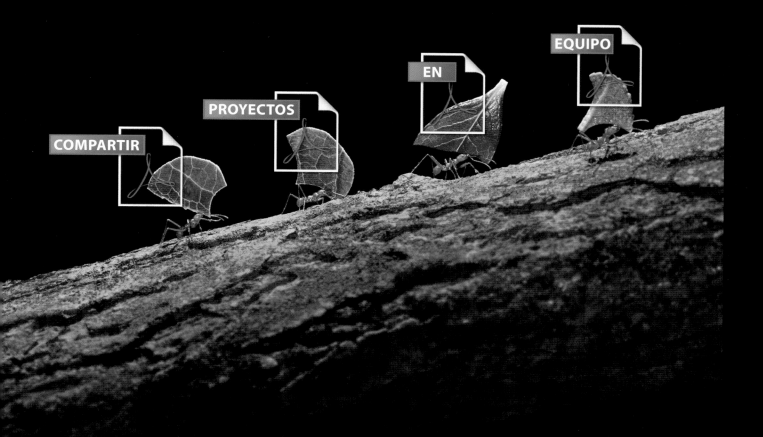

COMPARTIR

PROYECTOS

EN

EQUIPO

Trabajar en equipo es ahora más fácil. Combine múltiples tipos de archivos electrónicos en un solo documento, fácil de acceder. Comparta información valiosa de una manera más segura. Vea e incorpore comentarios a los proyectos rápida y cómodamente. Y reúna a todos sus colaboradores en la misma página con Adobe Acrobat 7.0. Pruébelo gratis en www.adobe.es/acrobat/ y compruebe todo lo que su equipo puede hacer. Better by Adobe.™

Adobe

©2005 Adobe Systems Incorporated. Todos los derechos reservados. Adobe, el logotipo de Adobe, Acrobat, el logotipo de Adobe PDF y Better by Adobe están registrados o son marcas registradas de Adobe Systems Incorporated en Estados Unidos y/o otros países. Todas las otras marcas registradas son propiedad de sus respectivos titulares.

REPSOL

POSEER LA ENERGÍA ADECUADA
PARA CONSTRUIR HOGARES,
SE MERECE TODO UN PLAN.

PLAN   PROPANO   MULTIVIVIENDA

Con el Plan Propano Multivivienda de Repsol Gas,
sus construcciones disponen de la energía que realmente necesitan.

• Un servicio integral; asesoramiento y supervisión del proyecto completo, gestión legal,
  instalación y suministro gratuito en parte o en su totalidad, mantenimiento 24 horas.
• Un plan adaptado a cualquier necesidad energética.
• Ahorrando dinero y tiempo.
• Una energía limpia y de rendimiento superior a otras.

Un plan perfecto para sacar el máximo rendimiento a la energía de su hogar.

901 100 125

REPSOL GAS

sacgas@repsolypf.com | repsolypf.com

JUEGOS KOMPAN S.A.
Camí del Mig, 81
08302 MATARÓ - BARCELONA
Tel. 902 194 573
www.KOMPAN.es

KOMPAN®
Unique Playgrounds

Burkhalter Sumi
Obra reciente **Recent work**

GG

Directora Editor-in-chief **Mónica Gili** I Editores Editors **Moisés Puente, Anna Puyuelo** I Coordinación editorial Editorial staff **Mar Coromina** I Diseño Gráfico Graphic design **PFP, Quim Pintó, Montse Fabregat** I Traducción Translation **J. Roderick O' Donovan, Emilia Pérez Mata** I Corrección de estilo Text revision **Carme Muntané, Paul Hammond** I Suscripciones Subscriptions **Editorial Gustavo Gili, SA** Tel. 93 322 81 61 / Fax 93 322 92 05 I Publicidad Advertising **Pilar Tendero García** I Tel. 93 580 39 33 / Fax 93 691 84 47 Rosselló 87-89. 08029 Barcelona I Producción Production **Andreas Schweiger** I Fotomecánica Color separations **Rovira digital, SL** I Impresión Printing **Ingoprint** I Encuadernación Binding **Arte, SA** I Printed in Spain. Revista trimestral. Depósito legal: B. 42.926-1996. ISBN: 84-252-2027-0 I Precio en España Price in Spain **27,50 € IVA incluido** I ISSN: 1136-9647. © Editorial Gustavo Gili, SA, 2002 I Editor Publisher **Editorial Gustavo Gili, SA 08029 Barcelona** Rosselló 87-89. Tel. 93 322 81 61 / Fax 93 322 92 05. e-mail: info@ggili.com - http://www.ggili.com **Portugal, 2700-606 Amadora** Praceta Notícias da Amadora Nº 4-B. Tel. 214 91 09 36

Queda prohibida, salvo excepción prevista en la ley, la reproducción (electrónica, química, mecánica, óptica, de grabación o de fotocopia), distribución, comunicación pública y transformación de cualquier parte de esta publicación —incluido el diseño de la cubierta— sin la previa autorización escrita de los titulares de la propiedad intelectual y de la Editorial. La infracción de los derechos mencionados puede ser constitutiva de delito contra la propiedad intelectual (arts. 270 y siguientes del Código Penal). El Centro Español de Derechos Reprográficos (CEDRO) vela por el respeto de los citados derechos. La Editorial no se pronuncia, ni expresa ni implícitamente, respecto a la exactitud de la información contenida en esta publicación, razón por la cual no puede asumir ningún tipo de responsabilidad en caso de error u omisión. All rights reserved. No part of this work covered by the copyright hereon may be reproduced or used in any form or by any means –graphic, electronic, or mechanical, including photocopying, recording, taping, or information storage and retrieval systems– without written permission of the publisher. The publisher makes no representation, express or implied, with regard to the accuracy of the information contained in this publication and cannot accept any legal responsibility or liability for any errors or omissions that may be made.

MeiréundMeiré

DORN BRACHT

Armaturen.Accessoires.Interiors.Culture Projects.

MEM

Con MEM Dornbracht presenta una nueva estética elemental de grifería. Su discreción consciente convierte la vivencia de la limpieza en una experiencia inmediata con el agua como elemento, sin aireador alguno. Como el chorro de un manantial claro y natural. MEM ha sido creada por SIEGER DESIGN.
Solicite nuestro prospecto MEM en: Dornbracht España S.L., C/Bruc 94 2° 2ª, 08009 Barcelona, Tel. 93 272 39 10, Fax 93 272 39 13,
E-Mail: dornbrachtspain@retemail.es   www.dornbracht.com

Bombay Sapphire es marca registrada. Bebe con moderación. Es tu responsabilidad. 47°

"COMPLEXITY"
by DOMINIC CRINSON

BOMBAY SAPPHIRE
INSPIRED

2G

n.35

First-class.

cameras and fit with all Siedle
system monitors. You also can
choose the appearance: there
are individual surfaces and
materials available or it can be
lacquered with all RAL colours
or with micaceous iron ore.
What an offer!

New. Siedle Classic.
The constant for your planning: door stations with a
metal front, with an attractive
exterior, an excellent price-
performance ratio and the
Siedle quality which you
know for a long time. Siedle
Classic door stations can be
equipped with two different

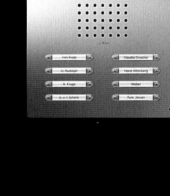

Leonhardt & Kern

SSS SIEDLE
www.siedle.com

2G n.35

Burkhalter Sumi

Cubierta: Villas plurifamiliares, Witikon, Zúrich **Cover:** Town villas, Witikon, Zurich **Fotografía** Photography: **Heinrich Helfenstein**

Revelar el núcleo oculto
Resolving the Hidden Core

Uno de los numerosos e imprevistos legados del movimiento moderno ha sido el crecimiento de una cultura global y mediática que ha potenciado nuestra sofisticación visual y que ha supuesto un incremento simultáneo de nuestra sed de imágenes nuevas. Pero incluso en un entorno tan voraz, la arquitectura de la Suiza alemana ha conseguido mantener el interés internacional durante más de una década y que nuevas generaciones de arquitectos estén presentes en las revistas actuales. La arquitectura suiza puede considerarse un antídoto dentro del mundo arquitectónico occidental, que se siente atraído también por el histrionismo formal y teórico holandés y británico, y por la "tecnofilia" de Estados Unidos. Existe un consenso extraño y notable en el hecho de que tanto los que la admiran como los que no lo hacen puedan utilizar los mismos adjetivos, es decir: minimalista, inflexible y bien construida. La obra de Burkhalter Sumi trasciende esas características, ya que posee tanta sensualidad como

One of modernism's many unexpected legacies has been the growth of global culture and media industries, with a rise in our visual sophistication and a concomitant increase in our appetite for new images. Yet even within such a gluttonous environment architecture from German-speaking Switzerland has somehow sustained the world's interest for over a decade, now even presenting a new generation in the magazines. In a western architecture world also interested in theoretical and formal histrionics from The Netherlands and Great Britain, and software-philia from the United States, Swiss architecture can be taken as an antidote. That the same adjectives can be used by those who admire it and those who don't—namely minimal, uncompromising and well constructed—is a strange and noteworthy consensus. Transcending such characteristics is the work of Burkhalter Sumi, for it has as much sensuality as sense,[1] opulence as rigour, and an architectural ambition tempered refreshingly with modesty.

Pabellón de madera en el parque del castillo Stockalper, Burkhalter Sumi, Brig, Suiza, 2000-2002.
Wooden pavilion in the grounds of Stockalper Castle, Burkhalter Sumi, Brig, Switzerland, 2000-2002.

STEVEN SPIER es catedrático y director del Departamento de Arquitectura de la University of Strathclyde en Glasgow. Licenciado en filosofía por el Haverford College de Filadelfia y master en arquitectura por el SCI-Arc de Los Ángeles, ha trabajado como profesor universitario en Zúrich, Londres y Glasgow. Es autor del libro *Swiss Made* (Editorial Gustavo Gili, SA, Barcelona, 2003) y de numerosos artículos sobre la arquitectura de la Suiza de lengua alemana. Así mismo, ha llevado a cabo estudios sobre la arquitectura contemporánea europea y la ciudad. Otro gran campo de investigación se desarrolla en las cuestiones espaciales, de colaboración e innovación en el trabajo del coreógrafo William Forsythe.

STEVEN SPIER is a professor and head of the Department of Architecture, University of Strathclyde in Glasgow. He has a BA in Philosophy from Haverford College outside of Philadelphia, a Master of Architecture from SCI-Arc in Los Angeles, and has worked in higher education in Zurich, London and Glasgow. He is the author of the book *Swiss Made* (Thames & Hudson Ltd., London, 2003) and many articles on architecture in German-speaking Switzerland. His other areas of research are spatial and collaborative issues in the choreography of William Forsythe, and contemporary European architecture and the city.

**Hotel Zürichberg,
Burkhalter Sumi, Zúrich,
1995.**
Hotel Zürichberg,
Burkhalter Sumi, Zurich,
1995.

racionalidad,[1] tanta opulencia como rigor, y una ambición arquitectónica atenuada de forma grata por la modestia.
Aunque Burkhalter Sumi estén trabajando actualmente en proyectos
y problemas de mayor escala que antes, su forma de pensar y trabajar
durante 21 años (desde el momento en que fundaron su estudio)
manifiesta una coherencia extraordinaria. Volver a contemplar sus
edificios de madera o estudiar el catálogo de la exposición de 1996[2]
revela mucho acerca de ellos. Tras años de observación, reflexión y
siguiendo sencillamente sus gustos personales, estos arquitectos han
recopilado un gran número de temas complejos y contradictorios
relacionados con la construcción en madera, que ni su obra ni su
catálogo pretenden convertir en una teoría grandilocuente. Al contrario, Burkhalter Sumi recurren a estas influencias al mismo tiempo
que trabajan en una serie de cuestiones relacionadas con la construcción en madera como la tectónica, la forma y su percepción, la
prefabricación, el color, la ecología y las estructuras híbridas. Los
resultados se encuentran condensados en las ocho secciones de
muros de ocho edificios de madera diferentes construidos a lo largo
de veinte años que aparecen al final del catálogo. Estas secciones
muestran un enfoque increíblemente riguroso e innovador. Cada
sección es una demostración de una manera de construir distinta, así
como de las posibilidades arquitectónicas de ese tipo de construcciones que, de hecho, convierten a la construcción en madera en alta
tecnología. Estos dibujos demuestran también el empeño de los
arquitectos por mantener el discurso teórico lo más cercano posible
al construir. Sin embargo, no trabajan dentro de la tradición del
Baukunst, ya que se encuentran abiertos a un abanico más amplio de
influencias que incluyen las intelectuales, académicas e intuitivas.
Aunque estas secciones condensen el carácter inquisitivo y el rigor
del enfoque de Burkhalter Sumi, no expresan la riqueza de estos
pequeños edificios: en el hotel Zürichberg, por ejemplo, el espacio

Even though Burkhalter Sumi are now working on larger scale problems and projects than before, their way of thinking and working
shows a remarkable consistency over the 21 years since the office's
founding. Going back to their timber buildings, or studying the exhibition catalogue[2] from 1996, reveals a lot about them. Over years of
observations, mulling and simply following their personal tastes the
architects had assembled a host of complicated and contradictory
issues about timber architecture, which the catalogue and their work
do not pretend to bring together into some grand theory. Rather,
Burkhalter Sumi draw on these influences as they work through a
number of issues in timber construction, such as tectonics, form and
its perception, prefabrication, colour, ecology and hybrid structures.
The results are encapsulated at the back of the catalogue in eight wall
sections from eight different timber buildings over twenty years.
These show a stunningly rigorous and innovative approach. Each section demonstrates both a different way to build and the architectural
possibilities of such constructions, making timber construction in
effect a high-tech material. These drawings alone demonstrate the
architects' insistence on keeping the theoretical discourse as close as
possible to building. They are not, however, working within a
Baukunst tradition, for the architects are open to a broader range of
influences, including intellectual, academic, and intuitive. While
these wall sections encapsulate the inquisitiveness and rigour of
Burkhalter Sumi's approach they do not convey the richness of these
little buildings. In Hotel Zürichberg, for example, the interior space
as the ellipse and the circle chase each other; in the forestry stations
the challenge to timber construction's traditionally additive nature;
in the kindergarten in Lustenau an apparent timber curtain wall. But
there are more layers still, namely the hotel rooms' playful nomadic
furniture and the building's timber skin that twists and peels to let in
daylight or the view; the forestry stations' engagement with the idea

[1] Esta frase procede de un
artículo de Martin
Steinmann "Sensuality and
Sense. The architecture of
Marianne Burkhalter y
Christian Sumi", en *A+U*, H.
1, 1996, págs. 46-49.
Steinmann ha escrito profu-
samente sobre la obra de

Burkhalter Sumi, especial-
mente en los comienzos de
su carrera profesional.
[2] Burkhalter, Marianne; Sumi,
Christian, *The Timber
Buildings*, gta exhibitions/
ETH Zurich, Zúrich, 1996.
Véase también Burkhalter
Sumi Architects; Makiol

Wiederkehr Timber
Construction Engineers,
Constructions, Quart Verlag,
Lucerna, 2005.

[1] This phrase is from an article by Martin Steinmann,
"Sensuality and Sense. The
Architecture of Marianne
Burkhalter and Christian
Sumi", in *A+U*, H. 1, 1996,
pp. 46-49. Steinmann has
written significantly on the
work of Burkhalter Sumi,

especially early in their
career.
[2] Burkhalter, Marianne; Sumi,
Christian, *The Timber
Buildings*, gta exhibitions/
ETH Zurich, Zurich, 1996.
See also Burkhalter Sumi
Architects; Makiol
Wiederkehr Timber

Construction Engineers,
Constructions, Quart Verlag,
Lucerne, 2005.

interior con la elipse y el círculo persiguiéndose; en los centros forestales, el reto a la naturaleza tradicionalmente aditiva de la construcción en madera; en la guardería de Lustenau, el muro cortina de madera. Pero existen aún más estratos, como el mobiliario de las habitaciones del hotel, de naturaleza nómada y juguetona y el revestimiento de madera del edificio, que se enrosca y despega para permitir que entren la luz o las vistas; el compromiso de los centros forestales con la idea de la cabaña primitiva, así como con la psicología gestáltica, convirtiendo a las partes de este *kit* en algo a la vez figurativo y abstracto; la referencia de la guardería a los bloques de construcción infantiles y su equilibrio entre el todo y las partes.

De forma reveladora, Burkhalter Sumi montaron la exposición únicamente cuando creyeron que empezaban a tener algunas respuestas, después de diez años de trabajo. Es mucho tiempo para resistir las tentaciones de un mundo arquitectónico frenético dominado por los medios de comunicación. En el catálogo que la acompañaba citan sin reparos sus influencias y, significativamente, éstas son eclécticas. Está su fascinación, como la de muchos otros arquitectos antes que ellos, por el oficio y la variedad de la construcción vernácula en madera, ya se trate del tamaño, escala, forma y color de los silos de cereales y graneros de Norteamérica; la plasticidad formal de las iglesias ortodoxas rusas tejadas en madera; o la calidad de las texturas y la inmediatez de los edificios rurales en los Alpes. Pero también descubrieron y se sintieron igualmente intrigados por una tradición menos conocida de construcción moderna en madera que reivindicaba cuestiones como la prefabricación y la industrialización del proceso constructivo. De ella forman parte las juntas estándar de Konrad Wachsmann, las casas usonianas de Frank Lloyd Wright y la supresión material y tectónica de Jean Prouvé, influencias radicalmente distintas unas de otras. Esencialmente, es esta pluralidad la que atrae a Burkhalter Sumi. Además, durante esa misma época colaboraron en la reedición del libro de Konrad Wachsmann, *Building the Wooden House. Techinque and Design*[3] (1930), un signo de respeto y afecto.

En su breve artículo "Form and Profession",[4] la única ocasión en la que han escrito algo cercano a un manifiesto, Burkhalter Sumi observan que se tiene la sensación de que la arquitectura y los arquitectos están siendo atacados desde ámbitos muy distintos; están acosados de manera creciente por las fuerzas del mercado y los sistemas de obtención de encargos que padece ya el mundo angloamericano. Esto es cierto incluso en Suiza, donde tradicionalmente el arquitecto ha controlado el proceso de construcción y ha disfrutado de una autonomía y respeto considerables. Pero la muerte anunciada de la profesión mediante su desintegración tiene ahora una historia tan larga que ha adquirido ya una tradición propia, afirman con despreocupación *pop*, y se ha convertido en su propia definición. Burkhalter Sumi describen la escisión entre la École des Beaux Arts y las entonces recién fundadas Écoles Polytechniques, y detallan de forma incisiva una serie de crisis en la Deutscher Werkbund, las distintas Bauhaus y el CIAM, que alcanzan su clímax "en 1968 con las reivindicaciones de que la disciplina de la arquitectura se dividiese en una serie de materias: economía, sociología, derecho, etc." A partir de esta historia desalentadora sobre la disolución de la profesión de arquitecto, infieren con serenidad sus principios sobre la misma: "En primer lugar, la continua adaptación de nuestra profesión a un entorno en constante cambio no constituye un signo de debilidad, sino de fuerza [...]

of the primitive hut as well as gestalt psychology, making the parts of this kit both figurative and abstract; the kindergarten's reference to children's' building blocks and its balance between whole and part. Tellingly, Burkhalter Sumi put together the exhibition only when they thought they had started to have some answers, which was after 10 years' work. This is a long time to resist the temptations of a media-frenzied architecture world. In the accompanying catalogue they unabashedly cite their influences, and characteristically they are eclectic. There is their fascination, like many architects before them, of the craft and variety of timber vernacular, be it the size, scale, form and colour of grain silos and barns in North America, the plasticity of form in Russian Orthodox wood-shingled churches or the textural quality and immediacy of rural buildings in the Alps. But they also discovered and were equally intrigued by a less known tradition of modern timber construction that pursued issues of prefabrication and industrialisation of the building process. This includes Konrad Wachsmann's universal joints, Frank Lloyd Wright's Usonian Houses, and Jean Prouvé's material and tectonic suppression, influences radically different from each other. This plurality attracts Burkhalter Sumi fundamentally. And along the way they helped republish Konrad Wachsmann's *Building the Wooden House. Technique and Design*[3] from 1930, which is a sign of respect and of affection.

In their succinct essay "Form and Profession",[4] the only instance where they have written something close to a manifesto, Burkhalter Sumi observe that architecture and architects seem under attack from any number of quarters. He or she is increasingly impinged by the market forces and procurement methods under which the Anglo-American world already suffers. This is true even in Switzerland, where the architect has traditionally controlled the construction process and enjoyed considerable respect and autonomy. But the forecast demise of the profession through its disintegration now has such a long history that it forms its own tradition, they say with a Pop nonchalance, and has become its definition. They recount the split between the *École des Beaux Arts* and the then newly founded *Écoles Polytechniques*, and briskly trace a series of crises through the Deutscher Werkbund, the various Bauhaus[es] and CIAM, reaching a climax in "1968 with demands that the discipline of architecture be broken down into a series of subjects—economics, sociology, law, etc.". And from this chilling history of dissolution they calmly derive their precepts for being an architect: "First, the continual adaptation of our profession to an ever-changing environment is a sign, not of weakness, but of strength [...] Like Roland Barthes's Argonauts who continually renew their spaceship during flight, without 'intermediate landing or interruption', architects must also continually reconstruct the edifice of their theoretical knowledge." But in a break with modernism's confidence and a subsequent history of serial certainties, they acknowledge that the condition they describe involves one in a continual struggle, for, "It is not the elimination of [...] conflicts, but their prompt resolution—the centring of the centrifugally dispersing demands and the consequent revelation of the hidden core—which constitutes the primary task of our profession." As we shall see, the task of finding the hidden core and the acceptance of resolving rather than solving problems sets a difficult task for the architect. It demands conceptual and intellectual precision that has to be matched by a certain relaxed quality to what must be a highly honed result.

3 Wachsmann, Konrad; nuevas contribuciones de Grüning, Michael, y Sumi, Christian, *Building the Wooden House. Techinque and Design* [1930], Birkhäuser, Basilea, 1995.
4 Burkhalter, Marianne; y Sumi, Christian, "Form and Profession", en *AA Files 34*, otoño 1997, Architectural Association, Londres, 1997, pág. 36. La desintegración de la profesión se remonta a una época anterior a la que ellos citan. Ya en Francia, en 1688, era necesario un certificado oficial para proyectar puentes y en 1756 ya se había fundado la École des Ponts et Chaussées. Caracteriza, por lo tanto, todo el período moderno (si se acepta que éste comienza con la ilustración).

3 Wachsmann, Konrad; new contributions by Grüning, Michael and Sumi, Christian, *Building the Wooden House. Technique and Design* [1930], Birkhäuser, Basel, 1995.
4 Burkhalter, Marianne; Sumi, Christian, "Form and Profession", in *AA Files 34*, Autumn 1997, Architectural Association, London, 1997, p. 36. The disintegration of the profession goes back even further than they cite. Already in 1688 in France one needed an official certification to design bridges, and the École des Ponts et Chaussées was founded already in 1756. It therefore characterises the entire modern period (if you accept this begins with the Enlightenment).

Como los argonautas de Roland Barthes que continuamente renovaban su nave durante el vuelo sin 'aterrizajes intermedios o interrupciones', los arquitectos deben reconstruir también de forma continua el edificio de sus conocimientos teóricos". Pero, rompiendo con la confianza del movimiento moderno y la historia subsiguiente de certezas en serie, reconocen que la situación que describen implica una lucha continua, puesto que "no se trata de eliminar [...] conflictos, sino de solucionarlos de forma rápida —centrando las exigencias dispersas de forma centrífuga y revelando posteriormente el núcleo oculto—, algo que constituye la tarea fundamental de nuestra profesión". Como veremos, la tarea de encontrar ese núcleo oculto y aceptar resolver los problemas antes que solucionarlos supone una tarea difícil para el arquitecto. Exige una precisión conceptual e intelectual que debe conjugarse con un cierto carácter relajado para conseguir un resultado muy afinado. Lo que es más, el edificio, al moverse entre distintos grados de resolución y significado, debe esforzarse por conseguir un sentido global. Sumi dice que ésta es la lección más importante de Le Corbusier, algo lógico para alguien que ha publicado numerosos textos sobre el padre del movimiento moderno suizo.

La lucha continua descrita anteriormente constituye una definición ambiciosa del arquitecto que, irónicamente, debe manifestarse, tanto profesional como formalmente, con cierta humildad. La claridad con que Burkhalter Sumi lo expresan en "Form and Profession" oculta la complejidad de esa postura: "La arquitectura como disciplina tiene [...] su relación con la sociedad como cuestión central [...] Para nosotros, la cuestión decisiva es si la estructura, una vez concluida, es capaz de sobrevivir a lo cotidiano [...] Un enfoque de este tipo busca una arquitectura que, en su mejor momento, posee un carácter obvio".

Lo que esto significa queda claro en el proyecto de reforma del edificio de oficinas Werd. Se trata de un buen (aunque no extraordinario) ejemplo de edificio de oficinas de la década de 1970: un conjunto de varios bloques y un muro cortina con un agradable tono azul y plata, deudor de las ideas de Colin Rowe y Robert Slutzky sobre la transparencia literal y fenomenal.[5] Pero Burkhalter Sumi sienten suficiente cariño por este tipo de arquitectura y suficiente respeto por la relevancia del edificio en el horizonte de la ciudad como para proponer que, tras la reforma, el muro cortina tuviese el mismo aspecto que cuando se construyó. No se trataba en absoluto de la solución más sencilla, puesto que era necesaria una mejora significativa de sus condiciones de aislamiento. Había que restaurar los marcos de las ventanas y otros elementos, y sustituir también todo el acristalamiento. Además, este enfoque suponía que Burkhalter Sumi renunciaban a la oportunidad de realizar un proyecto emblemático, representativo del despacho, para, en su lugar, reconocer y mantener el modesto papel del edificio en la ciudad. Pero si en el tratamiento del exterior su actitud es modesta, el interior resulta completamente nuevo. En él, los arquitectos abordan el cambio de uso de las oficinas, de privado a público, realzando su importancia social, aunque su nuevo destino sean las oficinas del poco apreciado departamento de Hacienda. La planta baja se abre a través del acristalamiento y la ubicación de las zonas de espera; los interiores son francamente elegantes, ¿por qué habría de ser modesto un ámbito público, aunque sea la oficina de Hacienda? Para realzar su función pública, propusieron un gran restaurante con paramentos audaces en la planta baja, un destino nocturno para la gente elegante de la ciudad.

Furthermore, as the building shuttles among various levels of resolution and meaning it must also strive for a sense of the whole. (Sumi says this is a key lesson from Le Corbusier, as might someone who has published extensively on the father figure of Swiss modernism.)

The continual struggle described above is an ambitious definition of the architect, which ironically must manifest itself in a kind of humility, professional as well as formal. The clarity with which Burkhalter Sumi put it in "Form and Profession" belies the position's complexity: "The discipline of architecture has [...] its relation to society [as] its central concern [...] The decisive question for us is whether the completed structure is capable of surviving everyday life [...] Such an approach seeks an architecture which, at its best, has a self-evident character." What this means in practice is clear in their renovation of the office complex Werd. It is a good though not great example of a 1970s office building: an assemblage of different blocks and a curtain wall in a pleasing blue and silver indebted to Colin Rowe and Robert Slutzky's ideas of literal and phenomenal transparency.[5] But Burkhalter Sumi have enough affection for such architecture, and enough respect for this building's prominence on the skyline, to propose that its curtain wall after renovation should look like it would have when it was built. Given the significant environmental upgrading necessary this was far from the easiest solution. It necessitated refurbishing the window frames and the other elements while replacing all the glazing. Furthermore, this approach meant that the office rejected the opportunity to create a signature building for itself, instead recognising and retaining the building's modest role in the city. But if they are self-effacing in their treatment of the exterior, the interior is thought completely afresh. There they embrace the building's change of use from private to public offices, its enhanced social importance, even if it is for the unbeloved taxman. The ground floor is opened up through glazing and the placement of waiting areas; the interiors are frankly stylish, for why should the public realm, even the tax office, be mean? To enhance its public function further they proposed a large restaurant with bold facades for the ground floor, a destination in the evening for the city's stylish crowd.

The obvious affection for Werd, for the "as found", can be further understood by Burkhalter Sumi's interest in Alison and Peter Smithson.[6] They are kindred spirits, who see themselves working within a decidedly modern idiom and striving to collect what was already then a diverse tradition. (The assuredly modern culture in which they thought they were working, and in which the architect can start with realty and abandon heroics, did not exist in Great Britain but does actually describe contemporary Switzerland.) It is not their architectural language or often questionable solutions that attracts Burkhalter Sumi, even if, remarkably, the Smithsons' architecture is fashionable again, but their genuine curiosity and openness to new influences and approaches; more specifically, the precision of the Smithsons' observations and their insistence on the centrality of social and urban questions. This embrace of architecture as a social act is, however, not nostalgic; clearly the question of the public realm is an open one. But it certainly puts Burkhalter Sumi at the forefront of the move, at last, away from an infatuation with lifestyle and branding and towards something more substantial.

A good example of a Smithsons-like precision and economy of thought is Burkhalter Sumi's study, with Professor Vittorio Magnano

[5] Rowe, Colin; y Slutzky, Robert, "Transparencia: literal y fenomenal" [1955], en Rowe, Colin, *Manierismo y arquitectura moderna y otros ensayos*, Editorial Gustavo Gili, SA, Barcelona 1999 [5].

[5] Rowe, Coli; Slutzky, Robert, "Transparency: Literal and Phenomenal" [1955], in *The Mathematics of an Ideal Villa and Other Essays*, The Massachusetts Institute of Technology Press, Cambridge (Mass.), 1976.
[6] See Smithson, Alison and Peter, *Without Rhetoric: An* *Architectural Aesthetic 1955-1972*, Latimer New Dimensions Ltd., London, 1973. In a sign of his affection Christian Sumi edited a new edition of Smithson, Alison, *AS in DS. An Eye on the Road* [1983], Lars Müller Publishers, Baden, 2001.

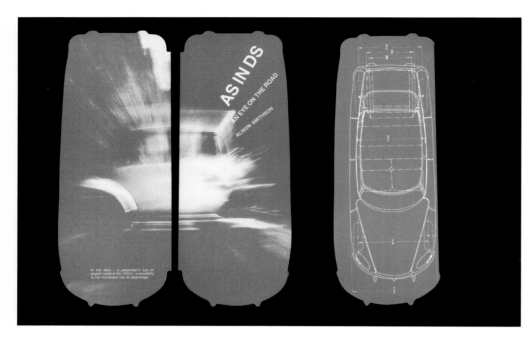

Cubierta y página interior del libro de Alison Smithson, *AS in DS. An Eye on the Road* [1983], editado por Christian Sumi, Lars Müller Publishers, Baden, 2001.
Cover and inside page of the book by Alison Smithson, *AS in DS. An Eye on the Road* [1983], edited by Christian Sumi, Lars Müller Publishers, Baden, 2001.

El cariño evidente por el edificio Werd, por lo "tal como se encuentra", se comprende mejor si se tiene en cuenta el interés de Burkhalter Sumi por Alison y Peter Smithson.[6] Son almas gemelas que se ven a sí mismos trabajando con un lenguaje decididamente moderno y esforzándose por recopilar lo que ya entonces era una tradición diferente. (La cultura en la que creían estar trabajando, sin duda moderna, y en la que el arquitecto puede empezar a trabajar con la realidad y abandonar lo heroico no existía en Gran Bretaña, pero, de hecho, describe la situación en la Suiza contemporánea). Lo que atrae a Burkhalter Sumi no es el lenguaje arquitectónico de los Smithson, ni tampoco sus soluciones, a menudo discutibles, —incluso aunque, sorprendentemente, la arquitectura de los Smithson esté de moda de nuevo—, sino su genuina curiosidad y el hecho de que se encuentren abiertos a nuevas influencias y enfoques; en concreto, lo que les interesa es la precisión de sus observaciones y su insistencia en la importancia de las cuestiones sociales y urbanas. Esta aceptación de la arquitectura como un hecho social no es, sin embargo, nostálgica; resulta evidente que el tema del ámbito público es una cuestión abierta. En cualquier caso, esta aproximación coloca a Burkhalter Sumi en primera línea del movimiento; al menos, lejos de la fascinación por el estilo de vida y las marcas, y cerca de algo más sustancial.

El proyecto que Burkhalter Sumi realizaron, junto a Vittorio Magnano Lampugnani, para la densificación de la ciudad jardín de Schwamendingen a las afueras de Zúrich, es un buen ejemplo de la precisión y la economía conceptual propia de los Smithson. Ese tipo de zonas suburbanas de la posguerra, con baja densidad de población, son un problema en gran parte del mundo occidental, sobre todo a medida que aumenta la necesidad de más viviendas cerca de las ciudades. Son zonas contra las que se arremete rutinariamente por su ineficiencia y la necesaria dependencia del automóvil. Pero Burkhalter Sumi no ignoran que esta tipología urbana es extremadamente popular. Su

Lampugnani, for the densification of the garden city plan of Schwamendingen outside Zurich. Such postwar suburbs with their low density are a problem in most of the western world as the need for more housing near cities increases, and they are routinely lambasted for their inefficiency and reliance on the automobile. But Burkhalter Sumi don't ignore that this urban type is also extremely popular. Their attitude to it is pragmatic, and so they propose to density where it is both necessary and possible, which includes housing, and offices and shopping in the centre. Most importantly, they also understand the importance and the nature of its public realm. They are canny enough to know that in such an urban type, Los Angeles being an extreme example, this is actually the infrastructure. So the central problem turns out to be the street and the solution is not to deny but to strengthen the garden city character. Small, precise moves here produce big effects. They increase the visual continuity of the landscape, turning the main roads and motorways into parkways. They propose cutting the roadway into the ground, planting trees for structure, removing vegetation and urban clutter for clear sightlines. The before and after images are startling in how obvious and right this seems. Deducing and resolving the core problem increases density while letting this urban type become what was first intended: a city in a garden. (This is especially clear in their sketches.)

The same thinking and judgements were applied to Burkhalter Sumi's unsuccessful proposal for the Christmas lighting of the world famous shopping street in Zurich, Bahnhofstrasse. As with Schwamendingen, the test of such an approach could be how obvious or correct the solution appears as they again start from a kind of American pragmatism (famously paraphrased by Venturi *et al.* as "Main Street is almost all right."). The existing lighting of some thirty years—strings of white lights suspended between buildings to create a field, is refined, beautiful and almost iconic. It was felt, nevertheless, that it

[6] Véase Smithson, Alison y Peter, *Without Rhetoric: An Architectural Aesthetic 1955-1972*, Latimer New Dimensions Ltd., Londres, 1973. Como muestra de su aprecio, Christian Sumi editó el libro de Alison Smithson, *AS in DS. An Eye on the Road* [1983], Lars Müller Publishers, Baden, 2001.

actitud hacia ella es pragmática y, por ello, proponen incrementar la densidad allí donde sea necesario y posible, incluyendo tanto viviendas como oficinas y una zona comercial en el centro. Y, lo que es más importante, comprenden también la relevancia y la naturaleza del ámbito público de estas zonas. Son lo suficientemente sagaces como para saber que, en realidad, en tipologías urbanas como éstas —de las cuales Los Ángeles constituye un ejemplo extremo— el ámbito público es el de las infraestructuras. Por lo tanto, el problema central resulta ser la calle, y la solución no es negar, sino reforzar, el carácter de la ciudad jardín. En este caso, medidas modestas y precisas producen grandes resultados: incrementan la continuidad visual del paisaje, convirtiendo en avenidas ajardinadas las calles más importantes y las autopistas, plantando árboles y eliminando vegetación y elementos urbanos innecesarios para crear visuales claras. Las imágenes del antes y el después son sorprendentes, y muestran lo obvia y acertada que resulta esta solución. Revelar cuál es el problema central y resolverlo hace que la solución propuesta aumente la densidad, al mismo tiempo que permite que esta tipología urbana se convierta en lo que se pretendía en un principio: una ciudad dentro de un jardín, algo que resulta especialmente claro en sus bocetos.

En la fallida propuesta de Burkhalter Sumi para la iluminación navideña de la calle comercial de Zúrich más conocida internacionalmente, la Bahnhofstrasse, se aplicaron los mismos criterios e ideas.

should be replaced and a competition was held. Burkhalter Sumi again started by looking closely at what exists and understood that the beauty of the Bahnhofstrasse lies in the big plane trees that march down both sides of it towards the lake. So they focus on these bare trees and, simply, light them up. But this simple move makes clear so much. For it reinforces the formal structure they give to the street, brings out their sculptural, almost Gothic quality, and makes us recognise or remember how stark or even eerie winter can be. Then in a warm quotation of tradition the architects suspend white lights between the buildings, too, but achieve a different effect by staggering them to create depth. Their proposal enhances the elegance of the street through the simplest of means, allows us to see the majesty of the big, bare, cold trees and pays homage to the beauty or the memory of the existing lighting without mimicking it. (Sadly their entry came second in the competition to one using lasers and projections, obviously.)

Both the proposal for Schwamendingen and for the Christmas lighting on the Bahnhofstrasse begin with a close reading of the site, a respect for the "as found", and a subsequent precision or economy in the intervention. But as both projects show, the feeling or the atmosphere of the place is not always what it first appears to be and must be truly understood before the strategy of then enhancing it can succeed. This can lead to bold solutions as well as quiet ones, as

Propuesta para la iluminación navideña de la Bahnhofstrasse, Burkhalter Sumi, Zúrich, 2003. Imagen de Schiesser Graphic Design.
Proposal for the Christmas lighting of Bahnhofstrasse, Burkhalter Sumi, Zurich, 2003. Image by Schiesser Graphic Design.

Como en el caso de Schwanendingen, la prueba de un enfoque de ese tipo podría ser lo obvia o adecuada que parece la solución, puesto que, una vez más, parten de una especie de pragmatismo americano (parafraseando la conocida frase de Venturi y otros "la calle Mayor está casi bien"). La iluminación existente desde hace casi treinta años, cordones de luces blancas suspendidos entre los edificios para crear un plano, es refinada y hermosa, casi un icono. Sin embargo, se consideró que debía ser reemplazada y se convocó un concurso. Una vez más, Burkhalter Sumi empezaron por observar cuidadosamente lo que existía y se dieron cuenta de que la belleza de la Bahnhofstrasse reside en los grandes plátanos que la flanquean a ambos lados, conduciéndola hasta el lago. Así que centraron su atención en esos árboles desnudos y, sencillamente, los iluminaron de abajo a arriba. Pero una medida tan sencilla como ésta deja claras muchas cosas, ya que refuerza la estructura formal que los árboles otorgan a la calle, poniendo de manifiesto su carácter escultórico, casi gótico, y nos hace reconocer o recordar lo duro e incluso misterioso que puede ser el invierno. Después, en una referencia cariñosa a la tradición, los arquitectos suspenden también cordones de luces blancas entre los edificios, pero consiguen un efecto distinto por medio de un escalonamiento que genera profundidad. Su propuesta realza la elegancia de la calle a través de medios extremadamente simples, nos permite contemplar la majestuosidad de los grandes y fríos árboles desnudos, y rinde homenaje a la belleza o a la memoria de la iluminación existente sin imitarla. Desgraciadamente, su proyecto quedó en segundo lugar, por detrás de una propuesta que, como no, utilizaba láser y proyecciones.

Tanto la propuesta para Schwamendingen como la iluminación navideña de la Bahnhofstrasse parten de una lectura detallada del emplazamiento, el respeto por lo "tal como se encuentra", y la posterior precisión o economía de la intervención. Pero, tal y como demues-

Burkhalter Sumi's proposal for the renovation of a former brewery silo shows. As one might expect, the architects retain the existing concrete structure's curious octagonal columns. Likewise, they keep the large funnel shape in the basement ceiling where the silos once emptied. (The programme there is public with a fitness club and meeting rooms). If on the interior the architects retain the atmosphere of an industrial building through direct quotation, on the exterior they strengthen an existing though obscure formal relation of this assemblage of buildings by completely redesigning the silo's facade. The original exterior cavity wall is entirely removed, replaced with a fence of concrete pillars that sit on the edge of the floor plates. This one move transforms the existing building into an abstract form with neither base nor top nor recognisable openings in a recognisable facade. It is a completely different architecture from the existing 19th-century one of windows cut out of a solid wall. But as different as it is tectonically, its strong verticality now creates a family of similar forms, namely the soaring chimney and the memory of the original silos that were within the building. It allows us to discern the verticality of the windows within the main building, previously subsumed within its squat propositions. The sophistication of how this facade both differentiates itself and helps group elements to create an assemblage is especially clear at night when light pours out of it and smaller additions, abetted by the now perceptibly soaring chimney.

Proyecto de reforma para una antigua fábrica de cerveza, Hürlimann Areal, Burkhalter Sumi, Zúrich, 2004.
Proposal for the renovation of a former brewery silo, Hürlimann Areal, Burkhalter Sumi, Zurich, 2004.

tran ambos proyectos, el ambiente o la atmósfera del lugar no siempre es lo que parece en un principio, y debe comprenderse verdaderamente antes de que la estrategia para realzarlo pueda tener éxito. Tal estrategia puede conducir bien a soluciones audaces o discretas; es el caso de la propuesta de Burkhalter Sumi para la reforma de un silo de una antigua fábrica de cerveza. Como cabe esperar, los arquitectos conservan las sorprendentes columnas octogonales de la estructura de hormigón existente. Así mismo, conservan el gran embudo en el techo del sótano, donde antiguamente se descargaban los silos. El programa en esta zona es público, con un gimnasio y salas de reunión. Si bien en el interior los arquitectos conservan la atmósfera de un edificio industrial mediante referencias explícitas, en el exterior, un diseño de la fachada del silo completamente nuevo refuerza la oscura relación formal existente entre este conjunto de edificios. Se eliminó por completo la fachada original con cámara de aire, reemplazándola por una serie de pilares de hormigón que se apoyan en el borde de los forjados. Esta decisión transforma el edificio original convirtiéndolo en una forma abstracta, sin zócalo ni remate, sin huecos reconocibles en una fachada reconocible. Se trata de una arquitectura completamente distinta a la arquitectura decimonónica original con ventanas recortadas en el muro macizo. Pero, a pesar de la apariencia tectónica totalmente distinta, su acusada verticalidad genera un conjunto de formas similares; en concreto, la chimenea que se eleva por encima del conjunto y la memoria de los silos originales que se encontraban dentro del edificio. Su propuesta nos permite percibir la verticalidad de las ventanas del edificio principal, que antes se encontraban ocultas bajo sus proporciones achaparradas. La sofisticación del mecanismo que permite que la fachada se distinga y, a su vez, agrupe los elementos para crear un conjunto, es especialmente visible durante la noche, cuando la luz sale de ella y de los anexos de menor tamaño, y con la participación de la chimenea, que ahora se alza de forma perceptible. El arte minimalista tiene una relación bien documentada con la arquitectura suiza contemporánea. Pero, más allá de las obvias similitudes físicas presentes en la reducción formal, los materiales industriales y la precisión de la ejecución, existe una influencia compartida de la psicología gestáltica y la manipulación de la forma para alertarnos sobre la fenomenología de la percepción. Sin embargo, aunque este hecho resulta bastante obvio en algunos edificios aislados, su utilización en la ciudad resulta menos frecuente y más desafiante.

En el proyecto de la fábrica de cerveza descrito anteriormente, Burkhalter Sumi intervienen mediante algo completamente diferente, que consiste en la redefinición y, a la vez, el redescubrimiento de lo existente. Se trata de un trabajo refinado y sutil.[7] De forma similar, en su propuesta para la zona sur de la estación central de Zúrich, con Theo Hotz Architekten y Gigon Guyer Architekten, la colocación cuidadosa de largos bloques responde a la morfología urbana decimonónica de la zona, pero, a su vez, también neutraliza deliberadamente el espacio de la calle. Los espacios entre los edificios se encuentran también en un estado de tensión entre la idea de espacio público tradicional, ahora nostálgica, y los espacios públicos contemporáneos, más ambivalentes, con los que actualmente nos sentimos familiarizados y confortables. A pesar de esta sofisticada ambigüedad de nuestra vida urbana, las torres propuestas suelen marcar ejes o espacios importantes, ya que los arquitectos siguen creyendo que poseen un

Minimal art has a well-documented relationship to contemporary Swiss architecture. But beyond the obvious physical similarities of formal reduction, industrial materials and precision of fabrication there is the shared influence of Gestalt psychology and the manipulation of form to alert us to the phenomenology of perception. However, while this is reasonably obvious in certain individual buildings, its use in urban design is rarer and more challenging.

In the brewery project described above Burkhalter Sumi intervene with something strongly different that both redefines and rediscovers the existing. This is refined and subtle work.[7] Similarly their proposal for the area to the south of Zurich Central Station—with Theo Hotz Architekten and Gigon Guyer Architekten—the careful placement of long blocks responds to the area's 19th-century urban morphology but also purposely neutralises the space of the street. The spaces between the buildings are likewise in a tension between a traditional, now nostalgic, notion of public space and more ambivalent, contemporary public spaces with which we are now familiar and comfortable. Notwithstanding this sophisticated ambiguity about how we now live in the city, the proposed towers traditionally mark important axes or spaces because the architects still believe that they have an urban, which is to say social, meaning. This is rather unfashionable. A contrary understanding of the city, or perhaps of architecture, and at the moment a successful one for those working on large scale

GIS Areal, Burkhalter Sumi, Oerlikon, Suiza, 2004.
La propuesta conserva la ortogonalidad de las antiguas naves industriales y adopta la escala y la densidad del emplazamiento. El suelo urbano "baña" los edificios en tanto que elemento unificador.
GIS Areal, Burkhalter Sumi, Oerlikon, Switzerland, 2004.
The proposal preserves the orthogonality of the former industrial premises and adopts the scale and density of the site. The urban land "bathes" the buildings like some unifying element.

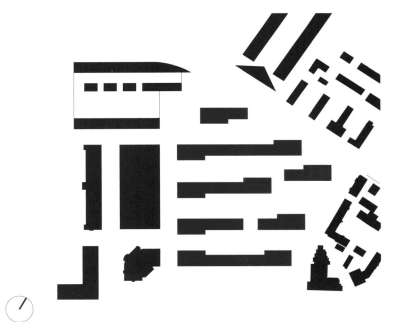

[7] Diener & Diener utilizan con frecuencia esta estrategia, que es especialmente clara en el caso de Warteckhof, Basilea (1992-1996), donde su ampliación de la fábrica de cerveza existente es, a primera vista, absolutamente correcta en cuanto a forma, materiales y tectónica, pero que, en realidad, realiza una serie de pequeños pasos para alejarse de su contexto sin dañarlo, siendo el más notable de ellos un ligero retranqueo respecto a la alineación del edificio con la calle. Véase Steinmann, Martin, *Forme forte*. *Écrits/Schriften 1972-2002*, Birkhäuser, Basilea, 2003.

[7] This strategy is often employed by Diener & Diener and is especially clear at Warteckhof, Basel (1992-1996), where their addition to the existing brewery is at first glance perfectly polite in terms of form, materiality and tectonics but actually makes a number of small moves to remove itself from its context without damaging it, the most notable one being a slight setback from the building line on the street. For an understanding of *forme forte* see Steinmann, Martin, *Forme forte*. *Écrits/Schriften 1972-2002*, Birkhäuser, Basel, 2003.

significado urbano, es decir, social; un planteamiento que está bastante pasado de moda. Permitir que las torres alcancen la altura que desean las fuerzas del mercado (léase promotores) es una forma opuesta de entender la ciudad, o quizás la arquitectura, que en estos momentos tiene éxito entre aquellos que trabajan en proyectos urbanos de gran escala. Esta ambigüedad deliberada de la naturaleza del espacio público se percibe también en el proyecto de Burkhalter Sumi para las viviendas del GIS-Areal, donde proponen volúmenes alargados y horizontales que respetan la ortogonalidad y la escala predominantes de la zona. Pero el espacio situado deliberadamente entre ellos no puede calificarse ni como patio ni como propio de viviendas en hilera; sino que consiste, más bien, en un espacio público y privado al mismo tiempo. Aunque las distintas crujías de los bloques y su ubicación definen los espacios situados entre ellos, su carácter y programa vienen determinados por una diferenciación entre el sistema de circulación, controlado con precisión, y el espacio verde que se infiltra prácticamente por todas partes. Los edificios flotan en un mar verde que, debido a la elección de la vegetación y al hecho de que los espacios verdes son accesibles visualmente para el público, posee un carácter semiurbano o público.

El esfuerzo para conseguir ese tipo de ambigüedades controladas requiere ideas claras; para ello, Burkhalter Sumi se ayudan de la tipología. El término 'tipología' posee numerosos significados, pero, en

developments, is to let the towers end up where market forces (read developers) will have them. This studied ambiguity of the nature of public space is also visible in Burkhalter Sumi's housing study for the GIS Areal. They respect the area's prevailing orthogonality and scale by proposing long, horizontal forms. But the space between them deliberately cannot be characterised as either that of courtyard or of terrace housing; rather, it is both public and private. While the differing widths of the blocks and their placement physically define the spaces between them, their quality and programme is defined by a differentiation between the circulation system, which is precisely controlled, and the green space, which infiltrates almost everywhere. The buildings float in a sea of green. But because of the choice of vegetation, and because these green spaces are accessible to the public visually, they have a semi-urban or public character.

To strive for such controlled ambiguities requires clear thinking, which is helped by Burkhalter Sumi's use of typology. This term has many meanings, but here does not propose, as it did in J. N. L. Durand or even in Bannister Fletcher's comparative method, a catalogue of solutions. It is, though, a way of dealing with form without being formalist. It allows one to group problems and so find related solutions. This can be readily seen in their housing projects. For instance, they are comfortable discussing the two types of floor plans for their proposed town villa flats for Wallisellen as Palladian or 60s

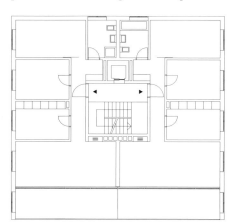

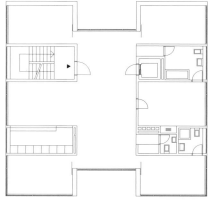

Villas plurifamiliares, Burkhalter Sumi, Wallisellen, Suiza, 1997. Tipo estándar. Tipo en forma de cruz. Town villas, Burkhalter Sumi, Wallisellen, Switzerland, 1997. Standard type. Cross type.

este caso, no hace referencia a un catálogo de soluciones, como lo hacía en el caso de J. N. L. Durand e, incluso, en el del método comparativo de Bannister Fletcher. Se trata, por el contrario, de una manera de abordar la forma sin ser formalista. Permite agrupar los problemas y, así, encontrar soluciones afines. Este enfoque puede observarse claramente en sus proyectos residenciales. Por ejemplo, se encuentran cómodos hablando de los dos tipos de vivienda en las villas plurifamiliares en Wallisellen como de espacios palladianos o fluidos como los de la década de 1960; de forma análoga, las viviendas en Herrliberg (1997) pueden describirse sencillamente a través de dos tipologías: paralelas o perpendiculares a la pendiente.[8] En clasificaciones de este tipo no está presente una solución arquitectónica final, sino que permiten trabajar de un modo coherente y comunicable que no ahoga la creatividad, sino que, sin duda, le confiere rigor. Este planteamiento transforma la planificación urbana en una

free-flowing; likewise, the town villas in Herrliberg (1997) can be described simply as two types: parallel to or perpendicular to the slope.[8] Within such classifications there are no end of architectural solutions, but one is then working within an understood and communicable order. It does not stifle creativity but certainly adds rigour. This makes urban design an architectural issue, a position that comes in and out of fashion but is especially well suited to Burkhalter Sumi. It also means that differences in scale do not require an entirely different approach or set of skills, as we can see this perfectly in their unsuccessful competition proposal for the MAAG Areal. This is an industrial area being transformed in the way every such area is, with the architects asked to add housing. One of the issues in such areas is how to reinforce the existing industrial character, which is what is attractive about the place, when one cannot just build new industrial-type buildings. There are two keys typologically. One is to under-

[8] Véase *Marianne Burkhalter + Christian Sumi*, Birkhäuser, Basilea, 1999.

[8] See *Marianne Burkhalter + Christian Sumi*, Birkhäuser, Basel, 1999.

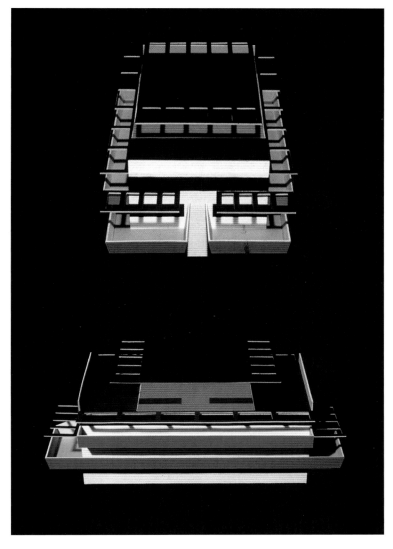

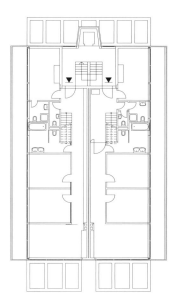

Villas plurifamiliares,
Burkhalter Sumi,
Herrliberg, Suiza, 1997.
Tipo perpendicular
a la pendiente.
Tipo paralelo a la
pendiente.
Town villas, Burkhalter
Sumi, Herrliberg,
Switzerland, 1997.
Perpendicular to the
slope type.
Parallel to the slope
type.

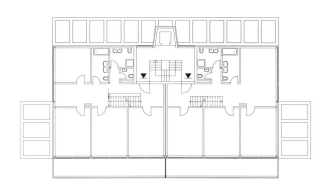

cuestión arquitectónica, una postura que se pone de moda o deja de estarlo, pero que resulta muy adecuada para Burkhalter Sumi. Implica también que las diferencias de escala no requieren un enfoque o unos modos de hacer completamente distintos, tal y como podemos observar claramente en su fallida propuesta de concurso para el MAAG Areal. Se trata de una zona industrial que está siendo transformada tal y como se hace habitualmente en cualquier área de este tipo, es decir añadiendo viviendas. Uno de los problemas de estas zonas es cómo reforzar su carácter industrial, que es lo atractivo del lugar, cuando no es posible construir nuevos edificios de tipo industrial. En términos tipológicos existen dos claves. La primera es comprender la naturaleza de los espacios situados entre los edificios. La segunda se encuentra en los edificios existentes. Burkhalter Sumi analizaron el edificio, muy significativo en la zona y cuya sección es tripartita, como si se tratase de una catedral o de la fachada de un

stand the nature of the spaces between the buildings. The second is found in the existing buildings. The architects analysed such a prominent building in the area, which in section is tripartite, like the type of a cathedral or the facade of a classical building. They then use this type urbanistically and architecturally, zoning by use horizontally, which gives the architects the freedom to create entirely different types of spaces above and below, with housing lying on top. They demonstrate the strength of their way of thinking by showing that their proposal works with different sizes of buildings and so can create a family of layered buildings. They then bring this idea to their Am Eulachpark housing project. Here two different types of architecture and accommodation sit comfortably on each other without needing to be resolved in the traditional sense.

In their study for the densification of Seewen-Feld, with Professor Lampugnani, Burkhalter Sumi work typologically in the planning

edificio clásico. Posteriormente utilizaron esta tipología tanto en lo urbanístico como en lo arquitectónico, y la zonificaron siguiendo los usos en horizontal, lo que les proporcionaba libertad para crear espacios completamente diferentes tanto en la parte superior como en la inferior, situando la vivienda en la parte más alta.

La potencia de esta idea de superponer volúmenes creando un único edificio queda demostrada al verificar que funciona en edificios de distinto tamaño, como en el caso de su proyecto de viviendas Am Eulachpark. En él, dos tipos de arquitectura y vivienda distintos se superponen sin necesidad de una solución de tipo tradicional.

En su propuesta para la densificación de Seewen-Feld, Burkhalter Sumi, conjuntamente con Vittorio Magnano Lampugnani, trabajan desde una perspectiva tipológica que incluye la planificación y la arquitectura. Reconocen que existen en el lugar tres tipos de espacios: el espacio panorámico o espacio con vistas, el espacio público y los espacios de movimiento; y a partir de ahí refuerzan cada uno de ellos. Así mismo, plantean tres tipologías de edificios, que definen con claridad el espacio de una forma diferente. En el norte proponen una hilera de viviendas unifamiliares adosadas de dos plantas, dispuestas de forma que se potencien al máximo las vistas, y que se sitúan a lo largo de los límites del solar delimitando un cinturón verde que desciende a lo largo del emplazamiento y se funde con el espacio público, de forma que toda la zona parece un parque. En segundo lugar, plantean bloques de viviendas junto a edificios del movimiento moderno existentes, que, de un modo análogo éstos, se sitúan como volúmenes aislados que potencian al máximo la luz, el aire y las vistas. El tercer tipo de viviendas y espacio urbano es el formado por las villas plurifamiliares agrupadas en torno a un espacio público central y rodeadas de árboles. Su propuesta para las viviendas en Grünwald, junto a Josep Lluís Mateo, basada en tres volúmenes diferenciados en planta que les proporcionan distinto carácter e identidad, se halla sujeta, sin embargo, a tres tipologías básicas de vivienda. Un ejemplo más clásico de trabajo con la tipología urbana, que debe mucho al arquitecto del Ticino Luigi Snozzi, es su proyecto CU-West, que consiste en una hilera de pequeñas viviendas junto a un lago. A medio camino entre estos dos últimos ejemplos se encuentra la propuesta para Stäubli Areal, donde deforman ligeramente formas similares para responder a los distintos elementos del entorno con los que se encuentran.

Esta mediación entre la tipología y la creación, el rigor y el placer, es un de los rasgos que distingue a Burkhalter Sumi. Las características de su trabajo, a menudo contradictorias, se reflejan en buena parte en sus biografías, aunque no sea posible discernir cuál ha sido la contribución de cada uno de los socios.

El reflexivo Sumi posee una formación arquitectónica típicamente suiza. Estudió en la ETH de Zúrich donde, bajo la influencia pedagógica de Bernhard Hösli, el movimiento moderno dominaba el programa académico. Realizó su proyecto final de carrera con uno de los decanos de la arquitectura suiza de posguerra, Dolf Schnebli, y tras licenciarse permaneció en la ETH como investigador asistente en el renombrado departamento de Historia y Teoría (gta). Es importante señalar que este fue un período en el que el gta contrataba tanto a arquitectos como a historiadores. Pero incluso dentro de una ortodoxia como la que he descrito, las cosas estaban empezando a moverse. Sumi trabajó también con Bruno Reichlin, quien, junto a Martin

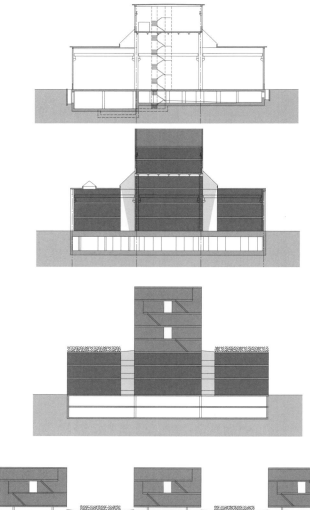

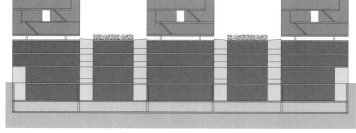

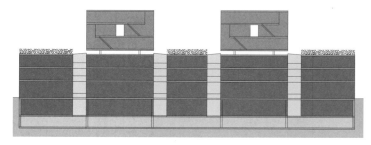

MAAG Areal, concurso, Burkhalter Sumi en colaboración con Burckhardt und Partner, Zúrich, 2000.
MAAG Areal, competition, Burkhalter Sumi in collaboration with Burckhardt und Partner, Zurich, 2000.

and architecture. They deduce three kinds of existing spaces: panoramic space or the space of the view; public space; and the spaces of movement. They then strengthen each of them. The park-like space is defined by the site circulation. Its edges are made clearer, though still soft, by clustering buildings. They also deduce three types of buildings that clearly define space differently. They propose single-family, two-storey terraced housing to the north arranged to maximise views and sit along the contours to define an S-shaped green belt that swoops through the site, bleeding into the public space so that the whole area feels like a park. Housing blocks are added to the traditional modernist ones, likewise situated as free-standing masses maximising light, air and view. The third type of housing and urban space are the villa apartment blocks, grouped around a central public space and ringed by trees. In their housing proposal Grünwald, with Josep Lluís Mateo, while the animated figure ground of the family of three forms provides three different addresses and identities it is anchored in three basic flat types dropped into them. A more classic example of working with urban type, with a debt to the Ticinese architect Luigi Snozzi, is their proposed row of housing nuggets along the lake (CU West). Somewhere between these last two examples lies the unzipped figure/ground of their proposal for Stäubli Areal where the similar forms deform slightly to respond to the different contexts that they face.

This mediation between typology and invention, rigour and joy, is one of the things that makes Burkhalter Sumi special. The often contradictory characteristics of their work are conveniently mirrored in the architects' biographies, even if one cannot unravel which of the partners has contributed what. The brooding Sumi has a classical Swiss architect's education. He studied at the ETH Zurich, which under Bernhard Hösli's pedagogical influence unquestioningly taught a particular modernism. He did his diploma project with one of the doyens of postwar Swiss architecture, Dolf Schnebli, and after graduation stayed on at the ETH as a research assistant in the renowned department of history and theory (gta). Importantly, this was a period when the gta employed both architects and historians. But even within the orthodoxy I describe things were starting to stir. Sumi also worked with Bruno Reichlin who, with Martin Steinmann, was calling for the "autonomy of architecture", moving it away from being regarded as a poor relation of more academic, especially social science, disciplines. Others were demanding the enjoyment of architecture, which first sounds strange but is still sometimes necessary. Outside the ETH at that time, exactly its institutionalisation and canonisation of modernism was being critiqued through the introduction of play or even mischief, and it is this latter milieu in which Burkhalter learned architecture. After working as a draftsperson she went abroad to work in the avant-garde at a time when such a thing genuinely existed. She worked with Superstudio in Florence, and it is difficult now to imagine how necessary the radicality of their universal, nonmaterial space was; and, how reasonable the material poverty and conceptual richness of *arte povera* seemed. She worked for Studio Works in downtown New York, when one could live and work as an avant-garde architect in Manhattan, dropping into The Factory, or bumping into Vito Acconci at the local bar. Then working in Los Angeles in the late 1970s when it was still individual and strange, before it was accepted as the beloved paradigm for postwar urban

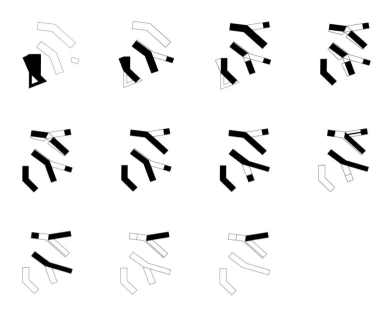

Viviendas, Burkhalter Sumi en colaboración con Josep Lluís Mateo, Grünwald, Suiza, 2005.
Housing, Burkhalter Sumi in collaboration with Josep Lluís Mateo, Grünwald, Switzerland, 2005.

CU-West, Burkhalter Sumi, Uetikon am See, Suiza, 2004.
Una serie de edificios dispuestos longitudinalmente a lo largo de la calle actúa como pantalla protectora

frente al ruido de la misma e indica, de un modo aproximado, la antigua orilla del lago.
CU-West, Burkhalter Sumi, Uetikon am See, Switzerland, 2004.

A series of buildings set out longitudinally to the length of the street acts as a protective screen against its noise and marks, in an approximate way, the old line of the side of the lake.

Stäubli Areal, Burkhalter Sumi, Horgen, Suiza, 2005.
Stäubli Areal, Burkhalter Sumi, Horgen, Switzerland, 2005.

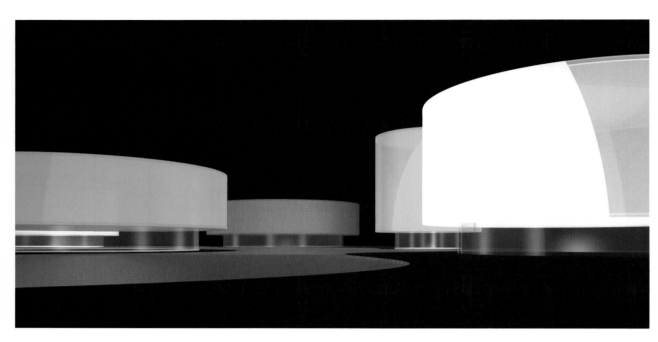

<
Edificios de oficinas en Shanghai, Burkhalter Sumi en colaboración con Keller Technologies, 2005.
Office buildings in Shanghai, Burkhalter Sumi in collaboration with Keller Technologies, 2005.

La Roche, Burkhalter Sumi, Buonas, Suiza, 1999.
La Roche, Burkhalter Sumi, Buonas, Switzerland, 1999.

Steinmann, estaba reclamando la "autonomía de la arquitectura", alejándola de la idea de ser la pariente pobre de otras disciplinas académicas, especialmente de las ciencias sociales. Otros reclamaban el placer de la arquitectura; algo que al principio puede sonar extraño pero que sigue siendo necesario a veces.

En esa época, fuera de la ETH se estaba criticando su institucionalización y canonización del movimiento moderno mediante la introducción de conceptos como juego e incluso travesura. Este es el ambiente en el que Burkhalter aprendió arquitectura. Tras trabajar como delineante, se trasladó al extranjero para trabajar con la vanguardia del momento, en una época en la que ésta realmente existía. Trabajó con Superstudio en Florencia, y resulta difícil imaginar hoy lo necesaria que fue la radicalidad de su espacio universal y no material, y lo razonable que parecía la pobreza material y la riqueza conceptual del *arte povera*. Trabajó para Studio Works en Nueva York, cuando uno podía vivir como arquitecto de vanguardia en Manhattan, pasarse por la Factory o tropezarse con Vito Acconci en un bar. Posteriormente trabajó en Los Ángeles, a finales de la década de 1970, cuando todavía era una ciudad singular y extraña, antes de que fuese aceptada como el paradigma adorado para el desarrollo urbano de posguerra y mucho antes de caer en desgracia por la misma razón.

Burkhalter Sumi buscan una arquitectura compleja, que es clara y ambigua, rigurosa formalmente y también llena de sensualidad. Aunque el movimiento moderno sea la base sólida de su trabajo, no temen ni al juego ni al estilo, como muestra el cariño por lo aerodinámico en los proyectos de Eichhof, Lucerna o Shanghai. En cualquier caso, su trabajo se está volviendo cada vez más alegre. Demuestra un interés cada vez mayor por el juego entre la geometría pura y aquella de naturaleza más escultórica, como en su proyecto para La Roche; o el ingenio de la marquesina delgada y serpenteante y los pilotes verdes de su propuesta para la Hafencity de Hamburgo. Estas

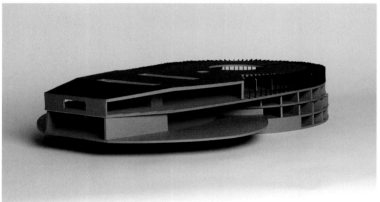

development, and much before it was damned for the same thing. Burkhalter Sumi are after a complex architecture, which is clear and ambiguous, rigorous formally and sensually rich too. Firmly based in modernism it is nevertheless not afraid of play and style; see their affection for the streamlined in their projects for Eichhof, Lucerne or Shanghai. If anything the work is getting more joyous. There is a growing interest in the play between pure geometry and more sculptural ones as in their proposal for La Roche, and there is the wit of the thin, squiggly roof and green piloti of their proposal for Hamburg Hafencity. One can see such normally contradictory qualities in perfect balance in their renovation and addition to Rigiblick, a hotel, restaurant and small theatre. As a protected late 19th-century building it required careful restoration, and since owned by the city the work was in the public eye. But here the architects are fearlessly playful and sensual while still rigorous. First one sees the silver of the

Hafencity, oficinas y viviendas, Burkhalter Sumi, Hamburgo.
Hafencity, offices and apartments, Burkhalter Sumi, Hamburg.

cualidades, habitualmente contradictorias, pueden observarse en perfecto equilibrio en su proyecto de reforma y ampliación de Rigiblick, un hotel, restaurante y pequeño teatro. Al tratarse de un edificio protegido de finales del siglo XIX, era necesario realizar una restauración cuidadosa; además, como era de propiedad municipal, el trabajo estaba sometido al juicio del público. Pero, en este caso, los arquitectos se muestran juguetones y sensuales sin miedo, aunque siguen siendo rigurosos. Lo primero que se ve es el color plata de la pintura del garaje, que se filtra desde las aberturas de ventilación e iluminación que asoman en la ladera, y las ventanas del color rojo característico de Burkhalter Sumi. Sobresaliendo audazmente del conjunto se encuentra la terraza sobredimensionada que, con sus rítmicos pilares, proa y cubierta de barco y barandilla curvada, es teatro y escultura porque no finge encajar en él. Pero no se trata de un gesto carente de cuidado, ya que se encuentra vinculado al edificio a través del verde de los pilares, escogido también para las ventanas de la torre existente. Las ventanas doblemente enmarcadas del restaurante son efectistas y recuerdan a los palcos de un teatro; proporcionan inteligentemente una ventana propia tanto a las mesas que se encuentran junto a ellas como a las situadas más lejos. La nueva esquina situada en la parte posterior añade una escala y un lenguaje completamente diferentes. En el interior, la cafetería de la planta baja tiene un mobiliario marcadamente geométrico, pero suave y lleno de color a la vez. Las habitaciones son como un sueño, no sólo por su lujo espacial y material, sino por sus mecanismos, como el tejido diáfano que divide y conecta los espacios de forma fascinante. Sorprendentemente, toda esta opulencia y refinamiento sigue resultando relajada, accesible, divertida y adecuada. Por ello, Rigiblick es un buen ejemplo de la ambición de Burkhalter Sumi por mantener en tensión la complejidad de la arquitectura en todos sus aspectos: intelectuales, académicos, sociales, materiales, formales, espaciales y sensuales, que nosotros, a veces, simplificamos.

painted parking garage leaking out from light/ventilation cannons that poke through the hillside, and windows in Burkhalter Sumi's signature red. And boldly jutting out into space is the overscaled balcony, which with its dancing timber columns, ship's prow and decking, and scooped handrail is theatre; making no pretence to fitting in it is sculpture. But even this gesture is not carefree and is tied into the building with the green of the columns picked up in the existing tower's windows. The doubled dining-room windows are mannered and like theatre boxes, but cleverly give tables both next to them and further away their own window. The new corner around the back adds a wholly different scale and language. In the interior the downstairs cafeteria has strongly geometric furniture but it is soft and colourful too. The bedrooms are like a dream not only in their material and spatial luxury but in their means, such as the diaphanous fabric that tantalisingly divides and connects spaces. Remarkably, all of this opulence and refinement still feels relaxed, accessible, fun and substantial. Rigiblick therefore exemplifies Burkhalter Sumi's ambition to hold in tension all of those complexities of architecture—intellectual, academic, social, material, formal, spatial, and sensual—that we sometimes reduce away.

Loft en el edificio Hauserpark, Biel
Loft in the Hauserpark Building, Biel

2000

Los dos cubos transitables, que se apoyan en los pilares de hormigón pintados de color plateado donde se agrupan las conducciones eléctricas y de fontanería, ocupan los 330 m² de un antiguo taller de aparatos de precisión. El cubo pequeño alberga la "casa" de la hija, el grande la "casa" de los padres.

El "armario de tela", con sus curvas ondulantes, define espacialmente la zona del vestíbulo junto al montacargas y, al mismo tiempo, separa el taller de costura. Junto con la mesa de gran tamaño, conduce hacia la cocina y el balcón situado al otro lado.

Ambos cubos están construidos con paneles de contrachapado de tres capas, con un grosor de 27 mm o 42 mm. El pavimento industrial existente sólo se ha limpiado y todavía son visibles las marcas amarillas de los carriles del antiguo taller. Tras retirar el falso techo de escayola quedó a la vista un espléndido forjado de casetones de hormigón. Su carácter de *objet trouvé* determina el carácter del espacio y unifica los distintos componentes para crear, así, un "todo" nuevo.

En este proyecto, los elementos de infraestructura vistos que caracterizan a los *lofts*, como los conductos de ventilación y las canalizaciones de aguas residuales, han sido eliminados. La ventilación de los baños, por ejemplo, se realiza directamente a través de los inodoros mediante un filtro de carbono que purifica el aire. El hecho de que la cocina se encuentre situada directamente junto al balcón de la fachada hizo posible que se pudiera prescindir de la habitual campana de extracción de humos. El centro del proyecto es el imponente espacio que, debido a su gran altura de 4,6 m, evoca un ambiente poco común. La coexistencia de distintos materiales, como

la seda del armario junto al pavimento industrial de hormigón y los casetones del techo sin tratar, resulta determinante a la hora de definir la atmósfera del espacio. La capa de pintura plateada de los pilares de hormigón los ennoblece hasta el punto de convertirlos en una especie de joyas de gran tamaño. Algunos elementos, como la mesa, se han sobredimensionado deliberadamente para "soportar" la excepcional escala del espacio.

These two walk-in cubes, docked to the silver-painted concrete piers by the water pipes and electrical service runs, occupy a 330-m² former production space for precision engineering appliances. The small cube forms the daughter's "house" while the large one is the parents' "house".

The "cloth cupboard" with its wavy curves spatially defines the entrance area with the goods lift, while at the same time screening off the seamstresses' studio. Together with an extremely large table it leads to the kitchen and the balcony opposite.

The two cubes are made of 27 or 42 mm-thick three-ply panels glued together. The industrial flooring has merely been cleaned, the yellow lane markings once painted by the manufacturing companies still remain visible. On removing the plaster ceiling a wonderful coffered concrete ceiling was uncovered. This *objet trouvé* determines the character of the space and fits the different parts together to form a new unity. In this project the exposed infrastructure elements, such as ventilation and drainage pipework, electricity cables, etc., which are regarded as typical features of a loft, are suppressed. The sanitary facilities are ventilated directly through the WC bowls and the air is cleaned with a carbon filter. As the kitchen lies directly

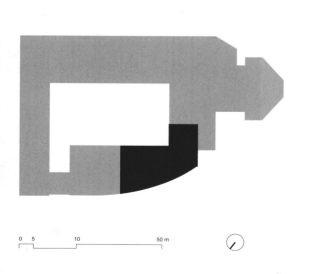

0   5   10   50 m

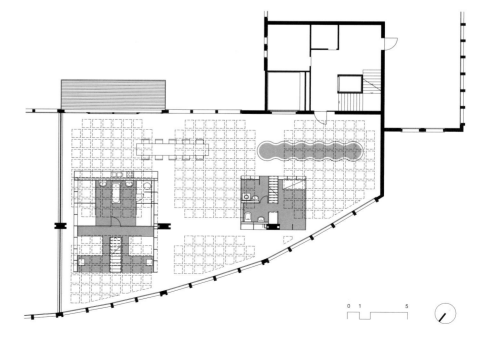

0   1   5

20

behind the balcony front it was possible to dispense with the standard cooker exhaust hoods. At the centre is a marvellous space that, thanks to its critical overall height of 4.60 m, evokes an unusual mood.

The atmosphere of the space is determined by the proximity of different materials such as the silk of the cupboard beside the poured industrial flooring and the untreated coffered ceiling. The coat of silver paint ennobles the concrete pier, making it into a kind of over-dimensioned piece of jewellery. In order to "withstand" the unusual dimensions of the space certain elements –such as the table– are also deliberately oversized.

Emplazamiento Location **Stämplistrasse, 6, Biel, Suiza/ _Switzerland_** | Arquitectos Architects **Burkhalter Sumi architekten** | Colaboradores Collaborators **Rahel Lämmler** | Final de las obras Completion date **2000** | Cliente Client **Jürg Kobi, Madlen Sumi** | Aparejadores Master builders **Bauleitung GmbH Patrick Hadorn** | Fotografías Photography **Heinrich Helfenstein**

Villas plurifamiliares, Witikon, Zúrich
Town villas, Witikon, Zurich

1998-2001

La tipología de estas viviendas está relacionada con las dos casas de Alfred Roth y Marcel Breuer en Doldertal (1936) y también con el concepto de *palazzine* que diferentes arquitectos, como Adalberto Libera y Luigi Moretti, desarrollaron en Roma desde mediados de la década de 1930, como un modelo cuyo tamaño y tipología resultaban adecuados para la construcción de viviendas urbanas de calidad. Hemos seguido desarrollando este concepto de villas y casas urbanas en otros proyectos, entre los cuales se encuentra el de Pekín.
En Witikon, los volúmenes de los edificios se ubican en paralelo o en perpendicular a la pendiente de la parcela, en un desarrollo de baja densidad que "ocupa" el antiguo jardín de la villa existente, construida por el arquitecto municipal A. H. Steiner (véase ordenación de Schwamendingen). Las vistas entre los edificios y hacia el lago son una de las señas de identidad de los edificios de viviendas ubicados en esta zona. A través de los jardines de las viviendas de la planta baja aparece el cuidado paisaje del parque, enmarcado por los setos recortados y el arbolado, con una densidad urbana que responde de forma específica al emplazamiento. Las galerías en voladizo de las plantas superiores establecen una conexión con los pequeños cobertizos de los huertos ubicados en la pendiente.
El acceso a las viviendas mediante escaleras exteriores situadas en la fachada norte hace posible un aprovechamiento máximo de la superficie útil. Las "villas" 6 y 10 albergan un apartamento y un dúplex, ambos con acceso directo al jardín, y otro dúplex con ático; en la "villa" 8 hay cuatro apartamentos, por lo que las viviendas de la planta baja se han distribuido siguiendo el sentido longitudinal del edificio. Todas las viviendas de la planta baja se benefician de su ubicación sobre la pendiente y disfrutan de dos niveles, de forma que la sala de estar, orientada al sur, posee una altura superior al resto de la vivienda.
La fachada está formada por paneles industriales de madera pintados de rojo que disponen de cámara de aire y, cuando así se requie-

ría, por otros que son enrollables. Las ventanas corridas sin marco ofrecen a los residentes un panorama completo de la cadena montañosa Albis, mientras que las puertas de vidrio con marco se abren a las "habitaciones exteriores": los balcones y el jardín.

The typology of these town villas is related to the two houses by Alfred Roth and Marcel Breuer in the Doldertal (1936) and to the concept of the *palazzine* as, for example, developed in Rome by Adalberto Libera and Luigi Moretti from the mid-1930s onwards to provide a sensible size and typology for higher-quality urban housing. We have developed the concept of the town villas and town houses in other projects, including our proposals for Beijing.
In the form of a loose development the building volumes parallel and at right angles to the slope "occupy" the former garden of the existing villa, built by city architect A.H. Steiner (see test planning Schwamendingen). One of the common characteristics of the villa developments on this area is the views between the buildings and the unobstructed view of the lake. By means of the gardens of the ground-floor apartments, framed by cut hedges and the existing trees, a cultivated park landscape is created with an urban density typical of this place. The projecting loggias on the upper floors engage in a relationship with the little allotment garden houses on the slope.
The building circulation by means of external staircases on the north facade allows maximum utilisation of the sellable living area. In buildings nos. 6 and 10 there is a single-storey apartment and a duplex apartment both with direct access to the garden, and a duplex apartment with attic level; in building no. 8 there are four single-storey apartments whereby the ground-floor apartments are halved along the length of the building. All ground-floor apartments also profit from the location on the slope (split level) allowing taller, south-facing living rooms to be made.
The facade consists of industrially produced red-painted wooden shutters that are back-

ventilated and rolling where necessary. Continuous frameless bands of glazing offer residents the entire panorama of the Albis range of mountains, while full-height French windows open onto the "outdoor rooms" —the loggias and the gardens.

Concurso. Primer premio Competition. First prize | Emplazamiento Location **Wehrenbachhalde, 6, 8 y/and 10, Witikon, Zúrich/Zurich, Suiza/Switzerland** | Arquitectos Architects **Burkhalter Sumi architekten** | Colaboradores Collaborators **Yves Schihin, Michael Mettler, Elena Fernández, Jürg Schmid, Benedikt Sunder-Plassmann** | Concurso Competition **1998** | Final de las obras Completion date **2001** | Ingenieros Engineers **Hauser und Gebert, Fällanden** | Paisajismo Landscape planning **Vogt Landschaftsarchitekten AG** | Gestión del proyecto Project manager Immopro | Cliente Client **Brigit Wehrli y/and Rosmarie Flüeler** | Empresa constructora Construction company **Halter Generalunternehmung AG** | Aparejadores Master builders **Eckert + Lanz Bauleitungen** | Fotografías Photography **Heinrich Helfenstein**

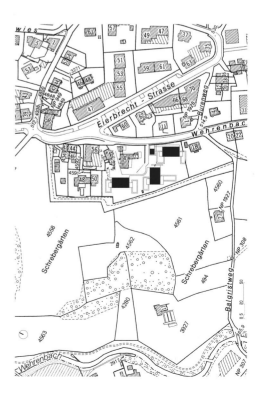

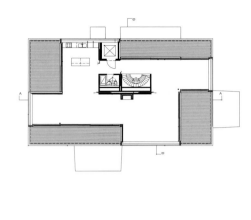

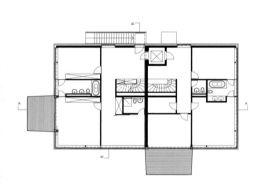

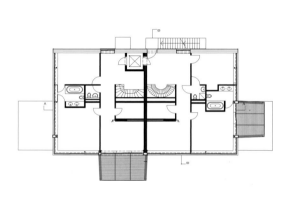

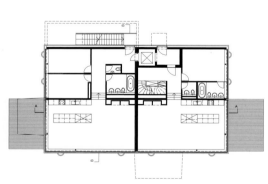

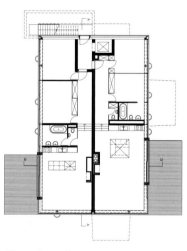

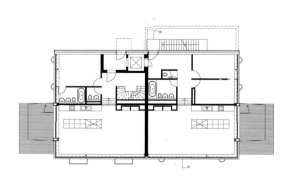

Casa número 6.
House number 6.

Casa número 8.
House number 8.

Casa número 10.
House number 10.

0   1   5   10

Proyectos residenciales
Villas plurifamiliares,
Witikon, Zúrich

Residential projects
Town villas, Witikon,
Zurich

27

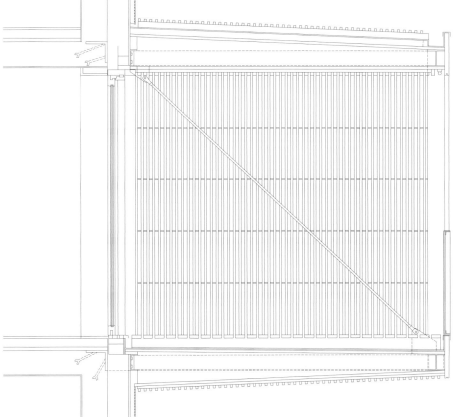

**Sección vertical de los
voladizos de las terrazas.**
Vertical section of the
cantilevers of the terraces.

0   50   100   200 cm

Proyectos residenciales
Villas plurifamiliares,
Witikon, Zúrich

Residential projects
Town villas, Witikon,
Zurich

29

Vista del aparcamiento.
View of the parking area.

Dos viviendas, Küsnacht

Two houses, Küsnacht

1998-2002

Estos dos proyectos se realizaron en la misma calle de Küsnacht con un intervalo de dos años. Ilustran la tendencia hacia el aumento de la densidad que se está produciendo en este popular barrio residencial. Por lo tanto, los temas que se abordaron son la integración en un contexto existente y la configuración plástica de los volúmenes.

Reforma, 2000
En el lugar que ocupaba la antigua terraza, se construye un cubo de madera que alberga dos habitaciones infantiles más en la planta superior y que amplía el espacio de la sala de estar en la planta baja. El nuevo volumen tiene una altura y una anchura mayor que la del edificio existente, por lo que confiere una apariencia nueva y una relación distinta entre el interior y el exterior. La terraza de madera une el nuevo volumen con el edificio existente. El acceso, que originariamente estaba situado en uno de los lados, se traslada a la parte trasera del edificio, por lo que el recorrido de acceso se produce alrededor de la casa. Mediante la unión de pequeños espacios sanitarios independientes, en el interior se crean nuevas y más abiertas relaciones espaciales: por ejemplo, entre la cocina y la sala de estar, o entre el dormitorio de los padres y el baño. De este modo, la casa parece más grande de lo que realmente es.

Edificio de nueva planta, 2002
El edificio está formado por una planta baja retranqueada a modo de zócalo que alberga el garaje, la escalera y un pequeño apartamento; el piso superior en voladizo alberga las zonas de estudio y los dormitorios, y en el ático están ubicadas las salas de estar comedor, las cocinas y las terrazas. La casa recuerda a la Villa Savoie de Le Corbusier en Poissy: un volumen suspendido con un acceso para los coches en la parte inferior. Sin embargo, en este proyecto el zócalo retranqueado tiene un significado distinto: amplía el angosto espacio exterior para conseguir mejores vistas. El hecho de dividir en dos partes la última planta evita una concentración excesiva del volumen y, además, ambas "protuberancias" revelan que se trata, en realidad, de una casa para dos familias. El edificio cambia de aspecto según la posición del sol y, a pesar de la reducida escala del solar, mantiene el carácter flotante de la Villa Savoie a las afueras de París.

These two projects were built within two years of each other on the same street in Küsnacht. They illustrate the move towards increased density occurring at present in this popular residential district. The issues are therefore integration in the existing context, the grain and the sculptural design of the volumes.

The conversion, 2000
A new wooden cube, which provides two additional children's bedrooms on the upper floor and increases the size of the ground-floor living room, replaces the former terrace. Both in terms of height and width the new building element stands in front of the existing house and thus gives it a new face with a differentiated relationship between indoors and outdoors. The wooden terrace connects the new building with the existing house. The entrance, which was originally at the side, was moved to the rear of the house, which means that visitors are led around the building. By combining a number of smaller sanitary rooms in the interior, new, more open spatial relationships are created: for example between the kitchen and living room or between the master bedroom and the bathroom. As a result the house now seems larger than it actually is.

The new building, 2002
This building consists of a recessed, plinth-like ground floor with garages, staircase and a small granny flat, the projecting upper floor with the studies and bedrooms and the attic level with the living and dining room, kitchen and terraces. With its freely hovering volume and an approach drive for the car below this house recalls Le Corbusier's Villa Savoye in Poissy. However the recessed plinth in this project has a different significance: it expands the restricted outdoor space and thus enlarges the views. By separating the rooftop level into two parts an excessively large volume is avoided, and the two "humps" created also reveal that this building is a house for two families. The building changes its appearance according to the position of the sun and, despite the tight nature of the site, preserves the hovering character also found in the villa outside Paris.

Reforma Conversion
Emplazamiento Location **Glärnischstrasse, 2a, Küsnacht, Suiza/Switzerland** | Arquitectos Architects **Burkhalter Sumi architekten** | Colaboradores Collaborators **Benedikt Sunder-Plassmann, Andrea Roth** | Final de las obras Completion date **2000** | Ingenieros Engineers **K. Blöchlinger** | Paisajismo Landscape planning **Vogt Landschaftsarchitekten AG** | Cliente Client **K.+ U. Fanger Schiesser** | Aparejadores Master builders **Christoph Eisenhut** | Fotografías Photography **Benedikt Sunder-Plassmann**

Edificio de nueva planta New building
Emplazamiento Location **Glärnischstrasse, 7, Küsnacht, Suiza/Switzerland** | Arquitectos Architects **Burkhalter Sumi architekten** | Colaboradores Collaborators **Yves Schihin, Barbara Ruppeiner, Katharina Mannhart, Elaine An** | Final de las obras Completion date **2002** | Ingenieros Engineers **Walter Neukom, Makiol + Wiederkehr (estructura de madera/wooden framework), 3-Plan AG (instalaciones/installations)** | Paisajismo Landscape planning **Stefan Hose** | Cliente Client **Familia/Family Kind** | Aparejadores Master builders **SAB Senne Bauleitungen** | Fotografías Photography **Heinrich Helfenstein, Burkhalter Sumi architekten**

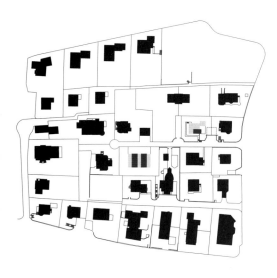

Reforma.
Conversion.

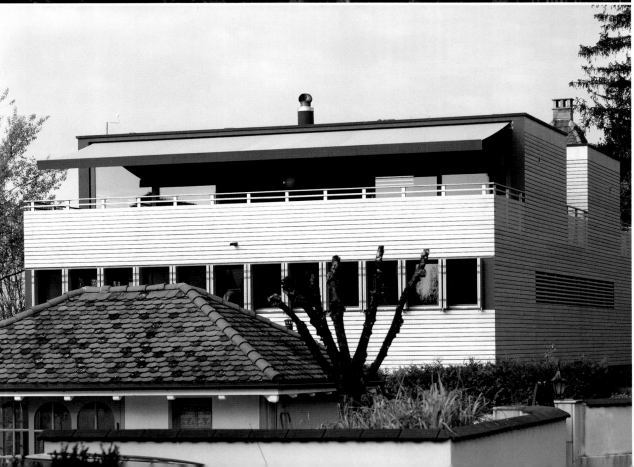

Edificio de nueva planta.
New building.

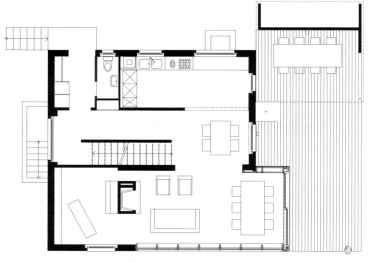

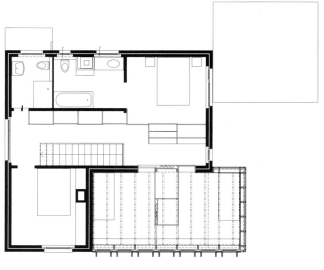

Edificio de nueva planta.
New building.

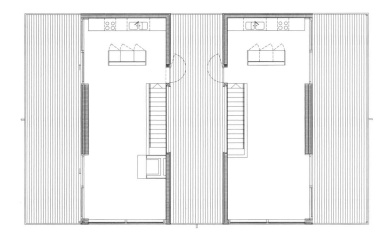

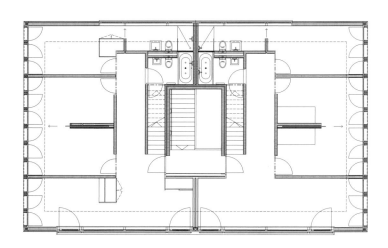

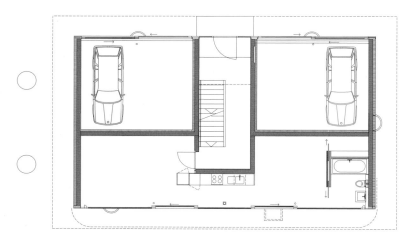

1   3   5   10

Edificio de nueva planta.
New building.

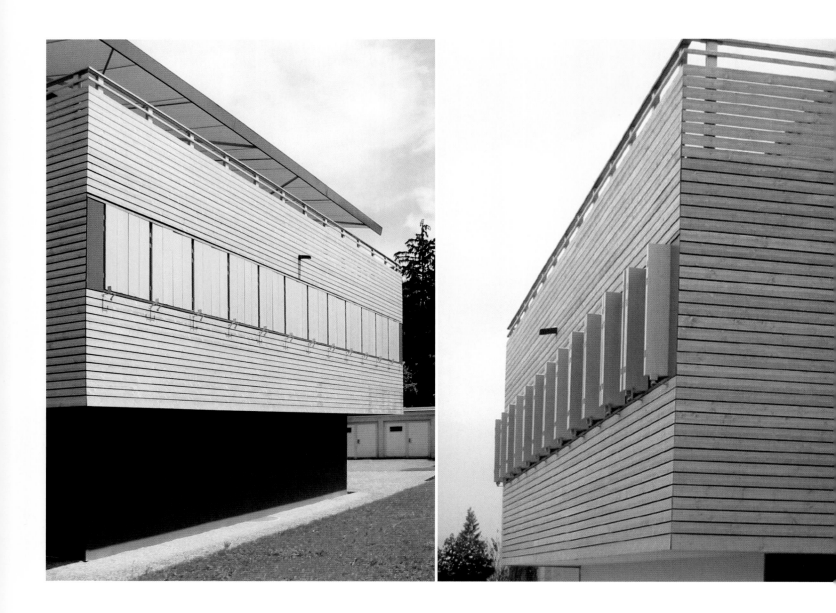

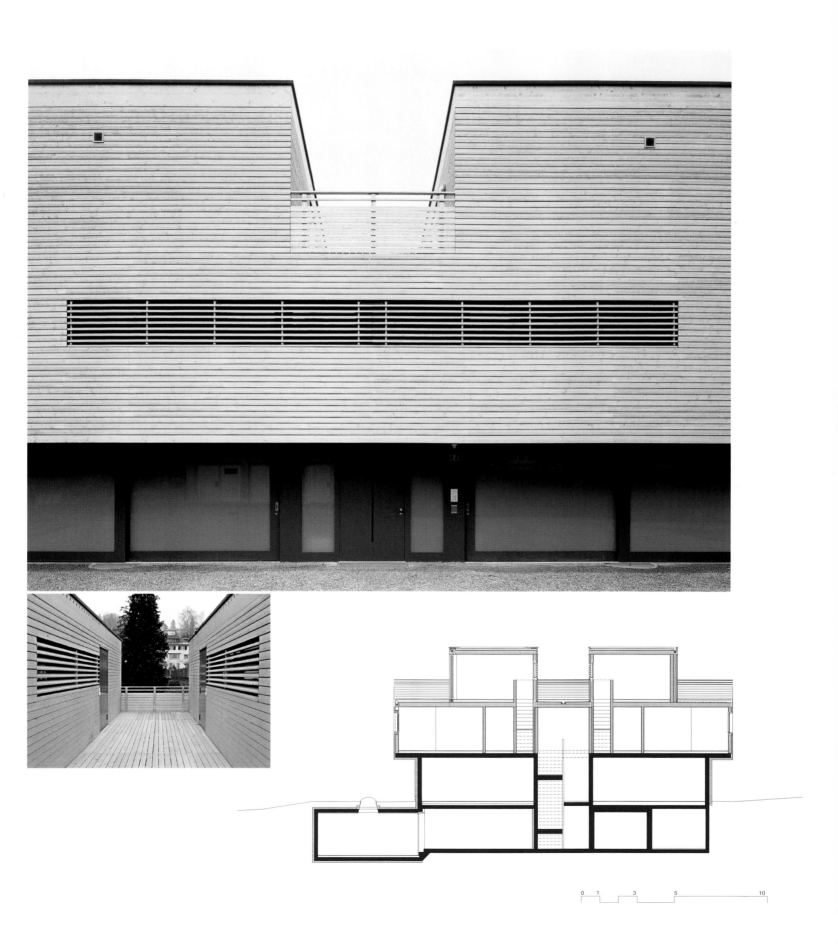

0   1   3   5   10

Viviendas para la tercera edad Multengut, Muri
Multengut housing for senior citizens, Muri

2002-2004

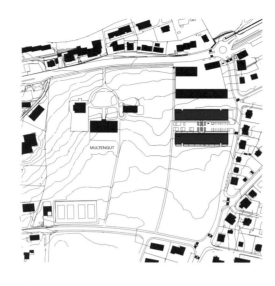

El proyecto define dos volúmenes gemelos que podrían compararse con los personajes de cómic "Hernández" y "Fernández" en los libros de Tintín. Ambos delimitan un espacio exterior a modo de patio que se configura como el centro social de las instalaciones y disfruta de vistas hacia Multengut, que da nombre al lugar. Este espacio exterior es un lugar de llegada, un jardín de recreo con pajareras y fuentes del que pueden disfrutar tanto los residentes como los visitantes. Los cerezos, los setos de boj y las hayas crean ambientes distintos dependiendo de la estación del año.

El elemento arquitectónico principal es la plataforma de madera de casi 90 m de longitud, una terraza para tomar el sol y descansar que recuerda a la tradición clásica decimonónica de los hoteles alpinos. Tras la terraza se encuentran el vestíbulo, el comedor, el salón, la biblioteca, la sala de estar con chimenea y la sala de conferencias. El carácter tipológico y la secuencia de estos espacios, así como la fachada casi infinita con balconeras, hacen referencia explícita al fascinante mundo de los espacios sociales de estos hoteles. Las terrazas nos sugieren las del hotel Schatzalp en Davos, que se dio a conocer gracias a la novela de Thomas Mann *La montaña mágica*. Un pasaje subterráneo une ambos edificios del conjunto y acoge instalaciones como la zona de salud y bienestar (*wellness*), la lavandería, la sala de masajes y la de música. La luz natural penetra en estas estancias a través de lucernarios. En ambos edificios, "cañones de luz" azul colocados junto a los huecos de los ascensores señalan las escaleras de acceso a esta zona subterránea y, junto con el pasaje, conforman la espina dorsal del proyecto. Así

mismo, son una referencia que sirve de orientación en el interior de ambos edificios.

Las plantas que albergan las viviendas están organizadas mediante un corredor central. Las viviendas de dos piezas se orientan a este y oeste, mientras que la mayoría de las viviendas que constan de tres piezas se ubican en los extremos de los edificios. Esta *rue intérieure*, pintada de colores vivos, está iluminada a través del hueco de la escalera y de los cañones de luz. En la primera planta del edificio principal se encuentran las habitaciones de atención continua.

The two similar building volumes —comparable to the Tintin detectives "Thomson" and "Thompson"—are specified in the design plan. They define a courtyard-like external space that forms the social centre of the complex with a view of Multengut, which gives the complex its name. This outdoor space is a place of arrival and a pleasure garden for both visitors and residents with aviaries and playing fountains. Cherry trees and hedges of box and beech create different moods according to the time of year.

The dominant architectural element is the almost 90-metre-long wooden platform that forms a relaxation and sun terrace in the tradition of classic 19th-century Alpine hotels. Foyer, dining room, lounge, library, fireplace room and lecture room are placed directly behind the veranda. The typological character and sequence of these spaces as well as the sheer endless front of windows also makes an explicit reference to the fascinating world of the social spaces in these hotels, and in particular to the typologies of verandas such as the one in Hotel Schatzalp in Davos, which achieved fame through Thomas Mann's novel *The Magic Mountain*.

An underground passageway connects both wings of the building and facilities such as wellness rooms, laundry, a massage room and music room are also arranged along it. Roof lights allow natural light to flow into these spaces. Blue "light shafts" next to the lift cores mark the steps leading up to both buildings. Together with the passageway they form the spine of the complex and serve as an aid to orientation inside the two buildings.

The residential levels are based on a double-loaded corridor system with two-room apartments facing west and east. There are three-room apartments at the ends of the building. The colourfully painted *rue intérieure* is lit from the staircases and the "light shafts". The rooms for ongoing care are located on the first floor of the main building.

Concurso. Primer premio Competition. First prize I
Emplazamiento Location **Mettlengässli, 8-10, Multengut, Muri, Suiza/*Switzerland*** I Arquitectos Architects **Burkhalter Sumi architekten** I Colaboradores Collaborators **Yves Schihin, Florian Schoch, Bettina Halbach** I Concurso Competition **2002** I Final de las obras Completion date **2004** I Ingenieros Engineers **Dr. Lüchinger + Meyer (estructura/*framework*), 3-Plan Haustechnik (instalaciones/*installations*)** I Paisajismo Landscape planning **David Bosshard Landschaftsarchitektur** I Arte Art **Balthasar Burkhard** I Gestión del proyecto Project manager **Jörg + Sturm Architekten AG, Langnau i.E.** I Cliente Client **GVB Gebäudeversicherung des Kantons Bern** I Empresa constructora Construction company **Halter Generalunternehmung AG** I Fotografías Photography **Heinrich Helfenstein**

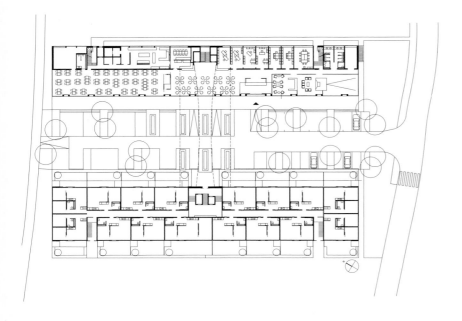

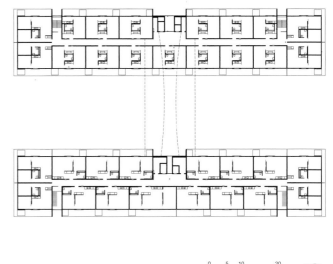

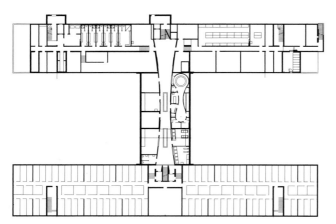

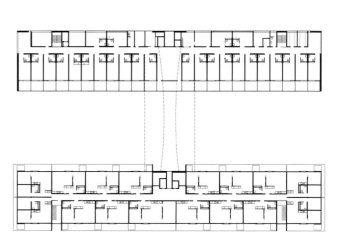

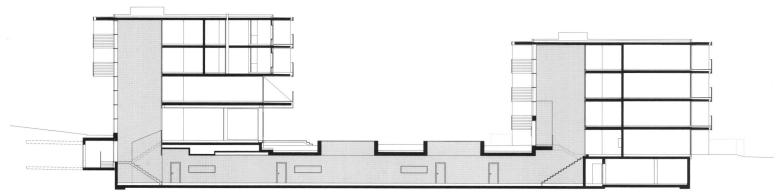

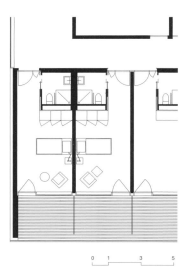

Vivienda en esquina.
Corner apartment.

Núcleo de baño y cocina en el centro de la vivienda.
Bathroom and kitchen core in the middle of the apartment.

Baño y cocina adyacentes al corredor de acceso.
Bathroom and kitchen adjacent to the entrance corridor.

Habitaciones de atención continua.
Rooms for ongoing care.

Proyectos residenciales
Viviendas para la tercera
edad Multengut, Muri

Residential projects
Multengut housing
for senior citizens, Muri

Ventana con repisas para flores.
Window with sills for flowers.

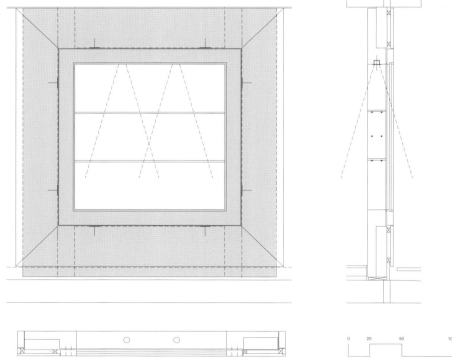

Hotel y teatro en Rigiblick, Zúrich
Rigiblick Hotel and Theatre, Zurich

2002-2004

Las grandes letras del cartel de acceso señalan la entrada al hotel y al teatro Rigiblick, un destino turístico muy popular en Zürichberg, que goza de unas vistas excepcionales sobre la ciudad de Zúrich y el Rigi. La nueva terraza de madera avanza como la proa de un barco hacia el panorama y hace que el lugar sea visible desde lejos. El jardín de los hermanos Mertens, especialmente el jardín de grava y la terraza solario, se ha reestructurado para adaptarlo al nuevo proyecto. El aparcamiento pintado de color verde, junto con el forjado y los pilares pintados de color plateado y las chimeneas de ventilación configuran la puesta en escena de un espacio "en la montaña".

El complejo de edificios ha sido liberado de diversos anexos y construcciones de distintas épocas y se ha replanteado a partir de sus tres elementos fundamentales:

Edificio principal. En la planta baja se encuentra la nueva cafetería, iluminada mediante ventanas cuadradas. En la planta noble, el restaurante, de nuevo iluminado por tres ventanas cuadradas instaladas en los huecos de las antiguas aberturas. Las habitaciones, que tienen el baño abierto y pueden compartimentarse mediante una cortina, son una evolución de nuestra investigación sobre habitaciones de hotel iniciada en nuestros proyectos para el hotel Zürichberg y para la habitación muestra de la feria Trendhotel en Colonia (Domotex).

Torre de la escalera. Vidrios de colores, dispuestos en marcos anchos y oscuros, enfocan las vistas hacia la ciudad y el campo, pero también hacia el restaurante y la cafetería. Así, los diversos encuadres de las vistas son manipulados y presentados de un modo nuevo, como si se mirase a través de múltiples vidrios de gafas de sol. Gracias a la ubicación del nuevo ascensor, se ha "dilatado" la profundidad de la antigua torre. Adyacente a ella se encuentra el "volumen-protuberancia" que sustituye a una especie de galería de la antigua construcción.

Teatro. Bajo la nueva escalera de hormigón, de formas curvas y clásicas, se accede al vestíbulo y a la escalera que asciende hasta el teatro. Los colores empleados en la sala teatral, plata, gris y negro, y el color rojo burdeos de las cortinas que van de techo a suelo, contrastan de manera deliberada con el colorido del vestíbulo, intenso y policromo.

The large letters of the sign mark the approach to the Rigiblick hotel and theatre space, a popular goal for excursions on the Zürichberg, with a unique view of the Rigi (mountain) and across the city of Zurich. The new wood terrace projects like the prow of a ship into the panorama, making the location clearly visible from a distance. The landscape garden by the Mertens brothers, in particular the gravel garden and sun terrace, is revealed, adapted to suit the new project and transformed. The green painted parking area with silver ceiling slab and piers and the snorkel-like ventilation shafts stage a space "in the mountain".

The complex of buildings is freed from various additions and extensions from different periods and reduced to its three constituent parts:

Main building. The new bistro is located in the plinth level and is lit by square windows. The restaurant on the *bel étage* is lit by three square windows placed in the old window openings. The apartment rooms, which have open sanitary spaces, can be divided up by curtains. They represent a further development of our research into hotel bedrooms in the Hotel Zürichberg and the model room for the Trendhotel fair in Cologne (Domotex).

Staircase tower. Coloured glass, set in broad dark frames, focuses the view towards the city and the greenery but also towards the restaurant and the bistro. Like when you look through differently coloured sunglasses the sections of the view are altered and presented differently. By adding the lift at the side the old tower is "stretched" in depth. On the extension of this axis lies the "hump-like volume" that replaces the old veranda-like top element

Theatre. Under the new classically curving concrete staircase you arrive at the theatre by passing through the foyer and going up a flight of steps. The specific colour scheme of the theatre space—silver, grey and black—and the full-height Bordeaux red curtains form a deliberate contrast to the bright polychrome treatment of the foyer.

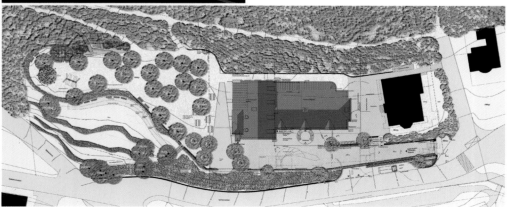

Concurso. Primer premio Competition. First prize I Emplazamiento Location **Germaniastrasse, 97-99, Zúrich/Zurich, Suiza/Switzerland** I Arquitectos Architects **Burkhalter Sumi architekten** I Colaboradores Collaborators **Aret Tavli, Virag Kiss, Marius Baumann, Michael Mettler** I Concurso Competition **2002** I Final de las obras Completion date **2004** I Ingenieros Engineers **Dr. Lüchinger + Meyer (estructura/framework), Polke, Ziege, Von Moos (instalaciones/installations)** I Diseño gráfico Graphic design **Schiesser Graphic Design** I Paisajismo Landscape planning **Vogt Landschaftsarchitekten** I Cliente Client **ZVF-Unternehmungen (hotel y restaurante/hotel and restaurant), Amt für Hochbauten der Stadt Zürich (teatro/theatre)** I Aparejadores Master builders **Archobau** I Fotografías Photography **Heinrich Helfenstein, Heinz Unger**

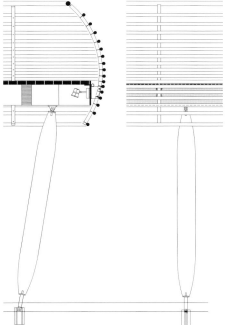

Planta primera. Terraza, restaurante y teatro.
First floor. Terrace, restaurant and theatre.

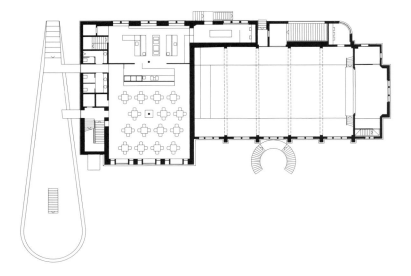

Planta baja. Acceso, cafetería y vestíbulo del teatro.
Ground floor. Entrance, cafeteria and theatre lobby.

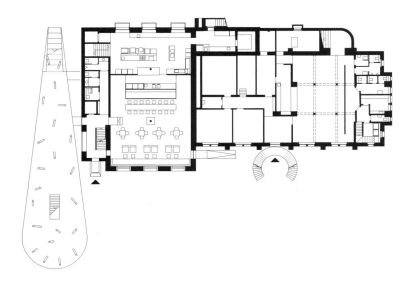

Planta sótano. Aparcamiento.
Basement floor. Parking area.

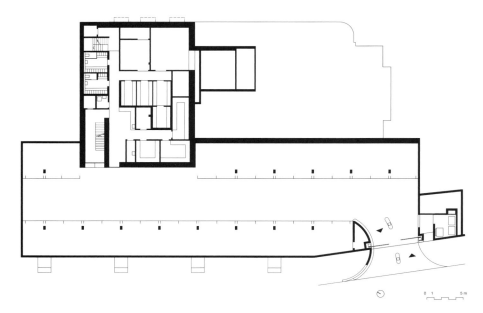

0 1   5 m

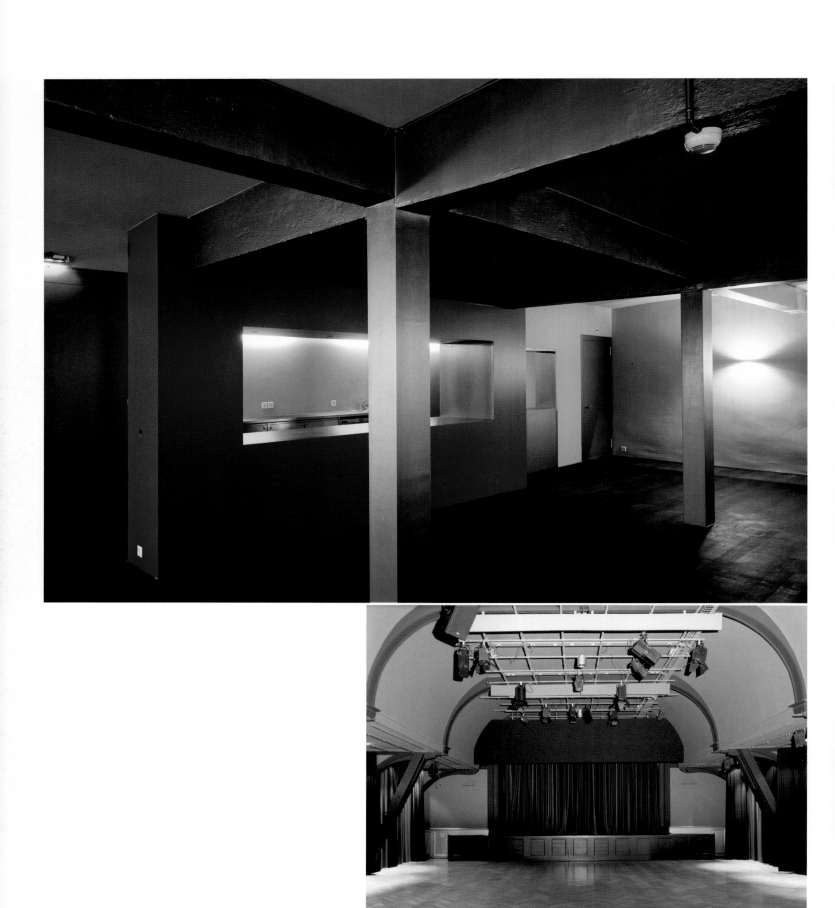

Proyectos residenciales
Hotel y teatro en Rigiblick,
Zúrich

Residential project
Rigiblick Hotel and Theatre,
Zurich

57

Proyectos residenciales
Hotel y teatro en Rigiblick,
Zúrich

Residential projects
Rigiblick Hotel and Theatre,
Zurich

59

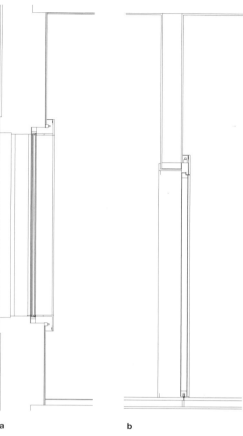

a

b

**a. Sección de las ventanas
de la escalera.**
a. Section of the stair
windows.
**b. Sección de las puertas
de las habitaciones del
hotel.**
b. Section of the hotel-
room doors.

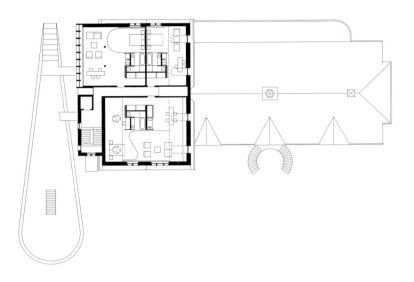

Planta tercera.
Habitaciones.
Third floor.
Bedrooms.

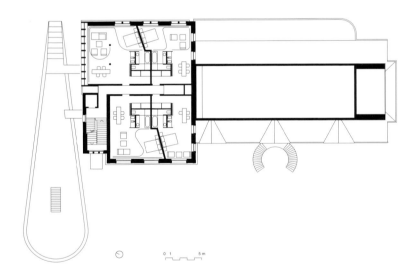

0 1   5 m

Planta segunda.
Habitaciones.
Second floor.
Bedrooms.

Proyectos residenciales
Hotel y teatro en Rigiblick,
Zúrich

Residential projects
Rigiblick Hotel and Theatre,
Zurich

61

Viviendas, Herrliberg
Housing, Herrliberg

2002-2005

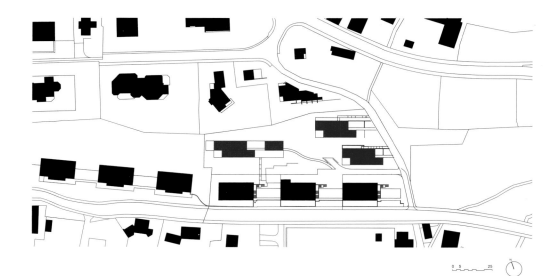

Los volúmenes de las viviendas están escalonados tanto en horizontal como en vertical, respondiendo a la topografía de la pendiente. Así mismo, este escalonamiento genera unas fachadas laterales esbeltas, que ayudan a que los edificios se integren de una forma natural en la pinza de espacio definida por los edificios ubicados bajo ellos, a lo largo de la Schulhaustrasse y el muro de contención de la meseta superior. Esto permite que se preserve la transparencia del antiguo viñedo, situado en paralelo a la pendiente. Junto a la casa principal se ha ubicado un "anexo" que alberga una biblioteca, salas de trabajo y una gran terraza. Las aberturas de las fachadas laterales, orientadas hacia los Alpes de Glarner en un extremo del lago o hacia la montaña de Üetliberg en el otro extremo, tienen un remarcado de alerce con una veladura de color rojo que hace que, cuando se mira hacia el exterior, parezca el marco de un cuadro. En contraste, los huecos de 10 metros de longitud de la fachada principal se han concebido como ventanas panorámicas. Los marcos exteriores de hormigón suprimen el entorno y hacen que la mirada se dirija directamente hacia el lago Zúrich y la cadena montañosa situada tras él.
Los muros de fachada de hormigón visto se ejecutaron con un encofrado realizado con tablones de gran tamaño colocados horizontalmente y tenía que cumplir dos reglas: en primer lugar, no debían existir juntas de corte corridas, y, en segundo lugar, no se estableció una longitud de tablón determinada, sino que se debía respetar un margen de longitudes determinado inicialmente. De ese modo se reforzó la horizontalidad del encofrado y el carácter artesanal de las paredes de hormigón.

La envolvente del edificio fue construida de forma monolítica, sin juntas de dilatación. El interior es como una funda realizada con placas de aislamiento, acabadas con revoco blanco. En contraste con las fachadas de hormigón visto, frías y toscas, en este caso se han utilizado tonos blancos cálidos de la gama cromática creada por Le Cobursier para Salubra; estos tonos, junto con los suelos de madera de roble cepillada, recrean la atmósfera de los interiores coreanos.

The volumes of the individual buildings are staggered, both horizontally and vertically. In this way they react to the sloping topography. At the same time slender end walls are made that help integrate the buildings entirely naturally in a spatial clasp between the development lower down along Schulhaussstrasse and the retaining wall of the upper plateau. As a consequence the transparency of the former vineyard parallel to the slope is preserved. Next to the owner's house there is an "annexe" with library, workrooms and a large terrace. When one peers outside, the red glazed larch lining of the reveals of the windows at the ends of the building work like a picture frame focussing the view on the Glarner Alps further up the lake or on Üetliberg at the end of the lake. In contrast the 10-metre-long openings of the main facade are designed as panoramic windows. The external concrete window surrounds screen the immediate surroundings, directing the gaze towards Lake Zurich and the range of hills behind it.
Unplaned large horizontal planks were used as shuttering for the exposed concrete walls. The shuttering boards were placed by the building contractor according to two principles: firstly, that the joints were to be broken; and second-

ly, that the lengths of the boards were not precisely defined, that they all lie within an initially determined range. This strengthens the horizontal character of the shuttering and the handmade character of the concrete wall. The building envelope was constructed in a monolithic system using no expansion joints of any kind. The interior is clad like a sheath with insulation covered with white render. In contrast to the rather coarse, cool exposed concrete of the facade here warm white tones from Le Corbusier's Salubra series of colours are used. Together with the brushed oak floors this creates an atmosphere that evokes Korean interiors.

Concurso. Primer premio Competition. First prize I Emplazamiento Location **Rösslirain, 1-5, Herrliberg, Suiza/*Switzerland*** I Arquitectos Architects **Burkhalter Sumi architekten** I Colaboradores Collaborators **Patrick Filipaj, Damir Trakic** I Concurso Competition **2002** I Final de las obras Completion date **2005** I Ingenieros Engineers **Dr. Lüchinger + Meyer AG, 3-Plan AG y/*and* Burkhalter AG (instalaciones/*installations*)** I Paisajismo Landscape planning **Rotzler Krebs Partner Landschaftsarchitekten** I Cliente Client **Doy Young Jeung** I Aparejadores Master builders **Archobau AG** I Fotografías Photography **Heinrich Helfenstein**

Casa 1.
House 1.

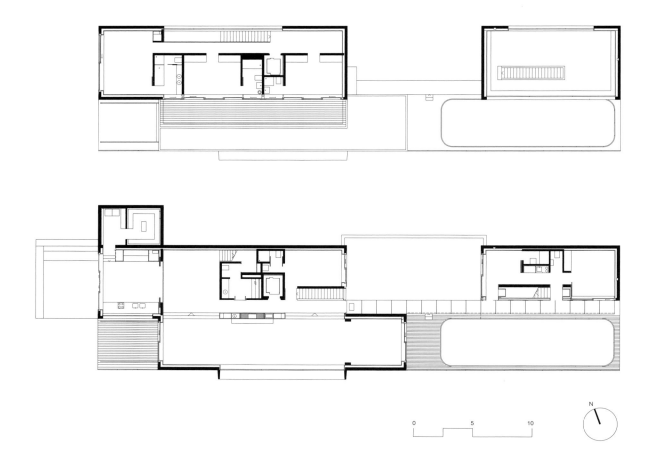

0 5 10

N

**Casa 1. Secciones
transversales.**
House 1.
Cross-sections.

**a. Sección por la ventana
panorámica.**
a. Section through the
panoramic window.
**b. Sección por la
habitación principal
y la cocina.**
b. Section through the
main bedroom and the
kitchen.
**c. Sección por el
pabellón anexo.**
c. Section through the
adjoining outhouse.

0 50 100 200 cm

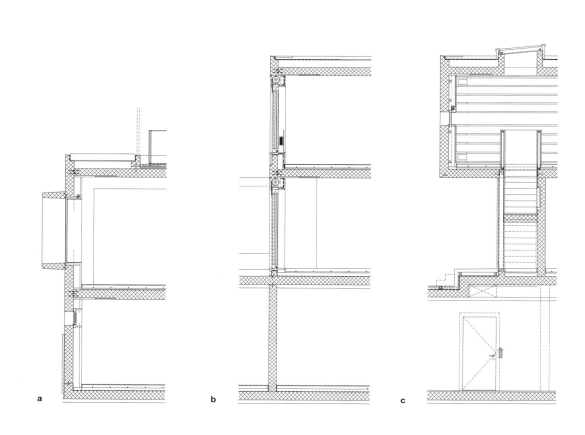

a   b   c

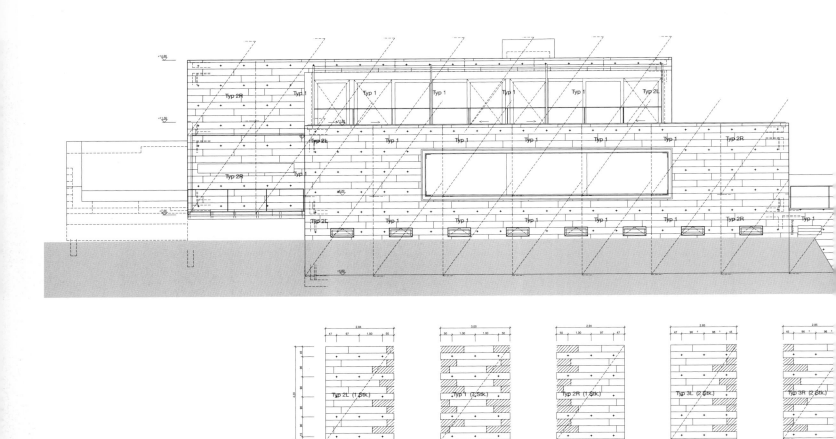

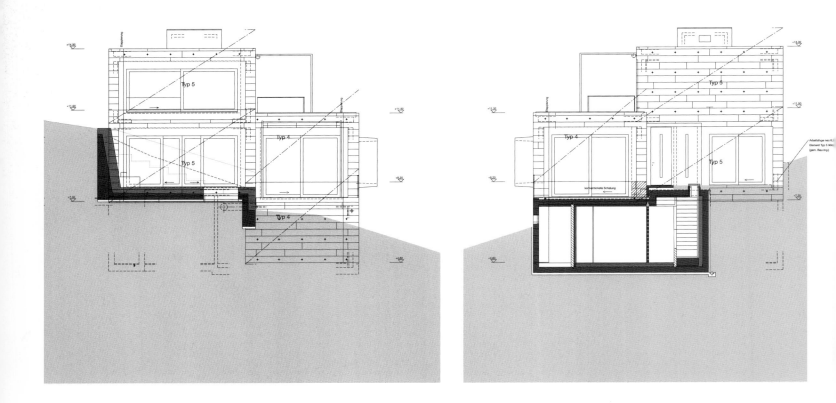

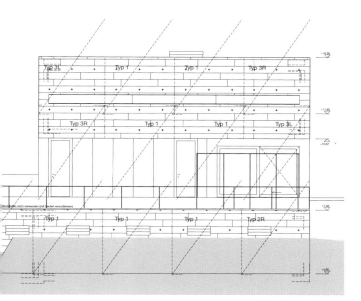

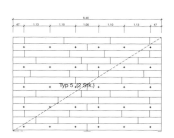

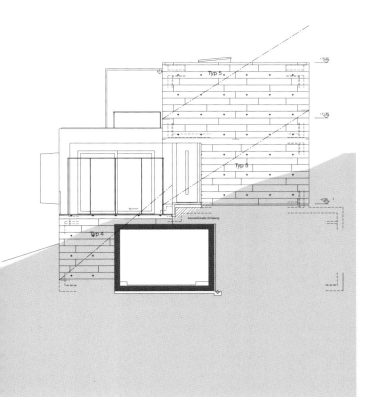

Casa 2.
House 2.

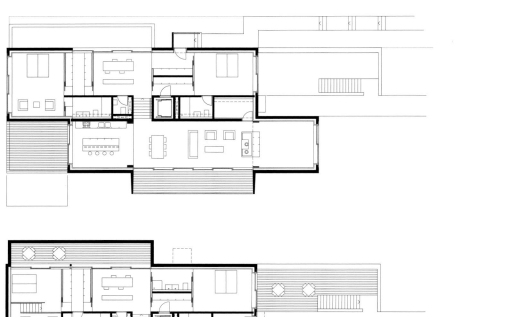

Casa 3.
House 3.

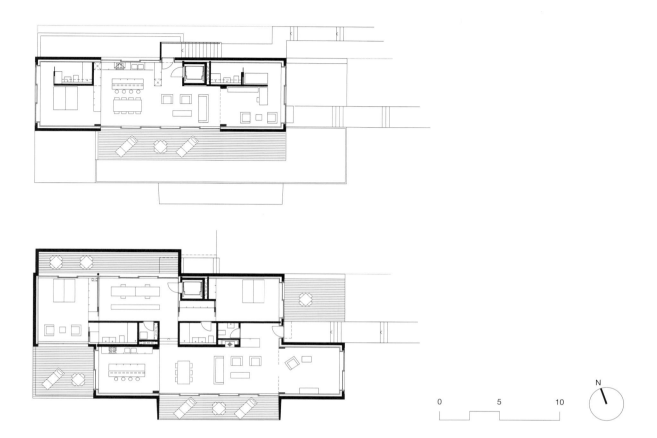

Villas plurifamiliares, Pekín
Town villas, Beijing

2004

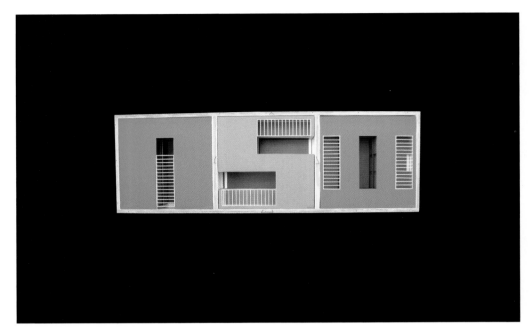

Siguiendo el modelo de la casa china, las plantas de las viviendas se organizan de forma alineada siguiendo una malla de 3,50 m. Se puede comparar con una vivienda Shikumen Linong,[1] cuya anchura estándar es de 10 chi, que corresponde a 3,33 m.

Las casas, que se encuentran elevadas sobre el suelo, poseen una planta cuadrada donde la longitud de sus lados es de 5 x 3,5 m = 17,5 m. En la planta baja se encuentran los garajes, en la primera planta los dormitorios con sus respectivos baños y, en la segunda planta, construida como un ático, las salas de estar y los comedores. Unas incisiones profundas proporcionan luz al interior de los edificios, uniendo el mundo interior con el exterior y confiriendo a las casas una especie de "centro interior", de nuevo de forma semejante a lo que sucede en el caso del patio de las casas chinas.

Tipo 1. La incisión por la que entra la luz, situada en el centro, "parte" el edificio por la mitad y crea "espacios gemelos". Una marquesina cubre el espacio interior abierto de doble altura.

Tipo 2. Los dos espacios exteriores, abiertos al este y al oeste de forma opuesta entre ellos, organizan los espacios interiores siguiendo la diagonal que ellos mismos definen. Las terrazas se encuentran al lado de estas incisiones por las que entra la luz.

Tipo 3. Un patio a modo de "cañón de luz" proporciona iluminación cenital al edificio y es el "centro" del mismo. Dos terrazas en la última planta disponen de vistas hacia el este y el oeste.

Las casas se ajustan al máximo a la demanda de vivienda moderna de la zona, pero también hacen referencia a los *palazzine* en Witikon, Zúrich.

Estas viviendas son prototipos de construcción sostenible: cerradas en su mayor parte hacia el exterior, son, sin embargo, abiertas hacia el interior de tal modo que quedan protegidas del sol y el viento. Los elementos de la estructura, cubierta, forjados, etc., se enfrían o calientan con agua, y, junto con la ventilación controlada, generan una temperatura interior agradable. Tanto las distribuciones propuestas como la utilización de SHAC (*soft heating and cooling*) permiten una reducción de la demanda energética, respecto a los métodos constructivos habituales en China, de un 60 % como mínimo

In an allusion to the Chinese dwelling house the floor plans are organised as bands with a grid of 3.50 metres. In comparison: a *Shikumen Linong* house[1] has a standardised width of 10 *chi*, which is 3.33 metres.

The houses are quadratic, the sides measure 5 x 3.5 metres = 17.5 metres and are raised off the ground. The garages are at ground-floor level, the bedrooms with their respective bathrooms are on the first floor and the living and dining rooms are on the second floor (designed as an attic level). Deep incisions bring light into the interior of the buildings, mesh the interior and exterior worlds and give the houses a kind of "inner centre" that again bears a certain similarity with Chinese courtyard houses.

Type 1. The light slit at the centre "breaks" the building at the middle and creates "twin rooms". A shading roof covers the two-storey open internal space.

Type 2. The two east-west facing outdoor spaces shifted in relation to each other organise the internal spaces on the diagonal. The loggias lie directly beside the light slits.

Type 3. A courtyard-like "light shaft" introduces top light into the building. This courtyard is the "centre" of the building. Two loggias on the upper floor have views to the west and the east.

The houses fulfil the most exacting demands in the area of modern housing and thus refer to the *palazzine* in Witikon, Zurich.

The houses are prototypes for sustainable building: externally they are mostly closed, internally they are protected from sun and wind and open. Building elements—ceiling slabs, floors, etc.—cooled or heated using water together with the controlled ventilation create a pleasant indoor climate. The proposed plans together with the use of SHAC (soft heating and cooling) result in a reduction of the energy requirements by at least 60% in comparison to standard building methods in China.

Emplazamiento Location **Pekín/*Beijing*, China** Arquitectos Architects **Burkhalter Sumi architekten, en colaboración con/*in collaboration with* Hässig und Partner** I Colaboradores Collaborators **Aret Tavli** I Proyecto Design years **2004** I Cliente Client **Capital Group, Beijing** I Fotografías Photography **Burkhalter Sumi architekten**

[1] Shikumen Linong: Se trata de una vivienda tradicional típica de Shangai de finales del siglo XIX y principios del XX, a medio camino entre la casa china tradicional y la casa occidental. '*Linong*' es el nombre que se da a los angostos callejones de Shangai y '*shikumen*' significa "puerta de piedra". Así, su nombre procede del marco de piedra que encuadra una puerta de madera oscura que conduce a un pequeño patio cerrado.

[1] *Shikumen Linong*: a traditional house typical of Shanghai dating from the end of the 19th century and the beginning of the 20th century, midway between the traditional Chinese house and the Western one. *Linong* is the name given to Shanghai's narrow alleyways and *shikumen* means "stone door". Its name comes, then, from the stone frame that surrounds a door of dark wood leading to a small, closed-in courtyard.

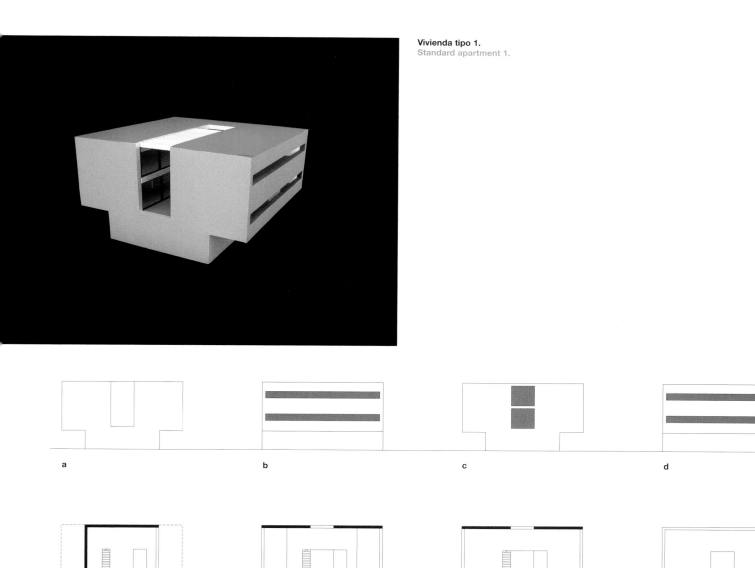

Vivienda tipo 1.
Standard apartment 1.

N

a

b

c

d

e

f

g

h

1   10   20

a. **Alzado sur.**
a. South elevation.
b. **Alzado este.**
b. East elevation.
c. **Alzado norte.**
c. North elevation.
d. **Alzado oeste.**
d. West elevation.
e. **Planta baja.**
e. Ground floor.
f. **Planta primera.**
f. First floor.
g. **Planta segunda.**
g. Second floor.
h. **Cubierta.**
h. Roof.

Vivienda tipo 2.
Standard apartment 2.

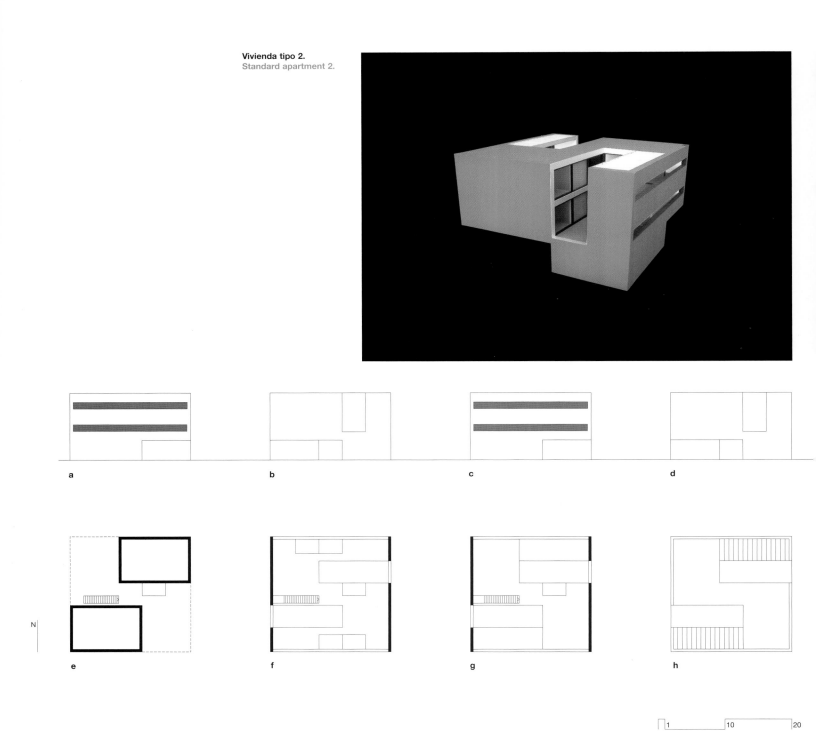

a

b

c

d

N

e

f

g

h

1   10   20

a. Alzado sur.
a. South elevation.
b. Alzado este.
b. East elevation.
c. Alzado norte.
c. North elevation.
d. Alzado oeste.
d. West elevation.
e. Planta baja.
e. Ground floor.
f. Planta primera.
f. First floor.
g. Planta segunda.
g. Second floor.
h. Cubierta.
h. Roof.

Vivienda tipo 3.
Standard apartment 3.

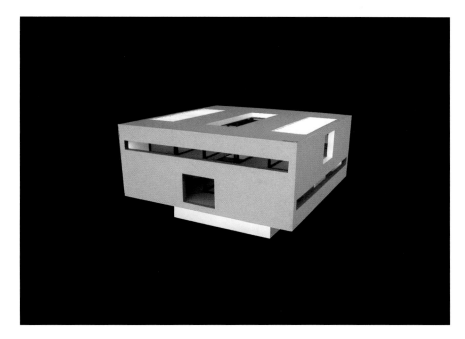

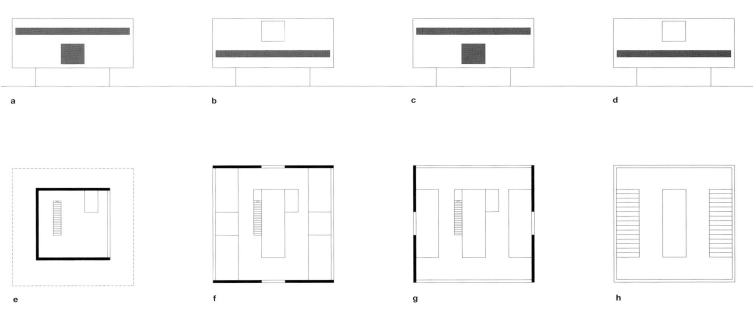

a

b

c

d

e

f

g

h

1   10   20

a. Alzado sur.
a. South elevation.
b. Alzado este.
b. East elevation.
c. Alzado norte.
c. North elevation.
d. Alzado oeste.
d. West elevation.
e. Planta baja.
e. Ground floor.
f. Planta primera.
f. First floor.
g. Planta segunda.
g. Second floor.
h. Cubierta.
h. Roof.

Conjunto de vivien- das Am Eulachpark, Winterthur

Am Eulachpark housing complex, Winterthur

2003-2006

Ambos bloques de viviendas (4, 5) forman parte de un proyecto de planificación urbana elaborado por Burkhalter Sumi. Para ajustarse al plan director de Sulzerareal en Oberwinterthur, los largos edificios están colocados en perpendicular a Eulachpark y garantizan la transparencia espacial deseada. Las torres de viviendas de la Hegifeldstrasse forman parte del desarrollo de la zona. El bloque de viviendas de la zona oeste y las dos torres albergan *lofts* proyectados por Novaron Architekten (1, 2, 3).

La sección longitudinal de ambos bloques de viviendas "responde" a dos escalas: el volumen de tres plantas "apegado al terreno" se ajusta a los parámetros definidos para la calificación urbanística de las zonas W3 y se relaciona con el entorno inmediato. La parte del edificio más alta cumple con lo especificado para las zonas W5 y se orienta hacia las vistas lejanas. Así, las fachadas y las viviendas de cada parte del edificio son diferentes. La parte del edificio de tres plantas posee una fachada modular cuyas ventanas tienen la altura de una planta. Los pequeños volúmenes que forman los accesos en planta baja y los balcones en plantas superiores se hallan encajados en esa estructura modular. La parte más alta del edificio tiene una fachada longitudinal con recesos, mientras que en los testeros se ubican balcones corridos.

El acceso a los dos edificios de viviendas dispuestos de forma simétrica se realiza a través del espacio público entre ellos. Las viviendas

de la planta baja disponen de una entrada directa, que les permite tener su propia dirección, y ocupan toda la profundidad edificable del edificio. El acceso a las viviendas de las plantas superiores del edificio bajo, que consisten en estudios y dúplex, se realiza a través de dos escaleras y de un corredor central. Las viviendas de las torres, cuatro por rellano, se organizan alrededor de los núcleos de comunicación vertical. Entre ambos edificios se encuentra el aparcamiento subterráneo, que cuenta con luz y ventilación natural.

The two housing blocks (4, 5) are part of an overall plan by Burkhalter Sumi Architekten. In a reference to the guideline planning for the Sulzerareal in Oberwinterthur the long building volumes are at right angles to Eulachpark thus allowing the desired spatial transparency. The point-buildings on Hegifeldstrasse are organised as part of the street development. The western residential block and the two point buildings were designed as lofts by Novaron Architekten (1, 2, 3).

The longitudinal section of the two housing blocks "works" on two scales: the three-storey "ground-related" building volume complies with planning zone category W3 and is oriented towards the nearby areas. The elevated building complies with zone W5 and is oriented towards views of the distance. Accordingly the facades and the apartments in the two blocks are designed differently. The three-storey building has a grid facade with full-height windows. The entrance and balcony loggias are docked onto this grid. The elevated building has a punched hole facade on its long sides, while balconies occupy the entire width of the short ends.

The two buildings, which are placed as symmetrical points, are accessed from the public space in between them. The ground-floor apartments have a direct entrance with their own address and extend through the depth of the building. The circulation on the upper floors is by means of two staircases and a *"rue intérieure"* with studios and duplex apartments. The dwellings in the "tower houses" are arranged like quadrants around the staircase cores. The underground garage, which is naturally ventilated and lit, lies between the two buildings.

Emplazamiento Location **Eulachweg, 1-10, Winterthur, Suiza/*Switzerland*** | Arquitectos Architects **Burkhalter Sumi architekten en colaboración con/*in collaboration with* Bednar und Albisetti Architekten** | Colaboradores Collaborators **Florian Schoch, Sandra Flury, Marius Baumann** | Final de las obras Completion date **2006** | Ingenieros Engineers **Höltschi und Schurter AG (estructura/*framework*), Robert Aerni AG (instalaciones/*installations*)** | Paisajismo Landscape planning **rotzler/krebs landschaftsarchitekten bsla** | Gestión del proyecto Project manager **Kirsten Real Estate AG** | Cliente Client **Credit Suisse Anlagestiftung** | Empresa constructora Construction company **Halter Generalunternehmungen ag** | Fotografías Photography **Burkhalter Sumi architekten**

0m   50m   100m   Situation

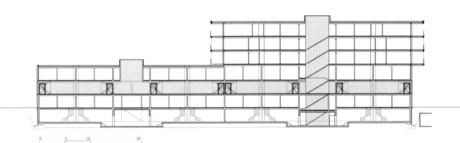

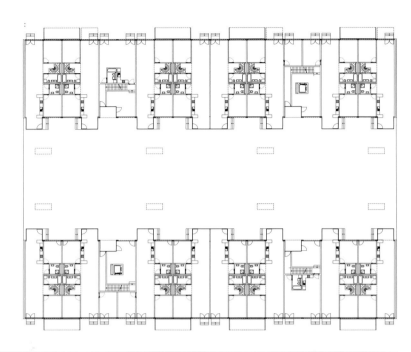

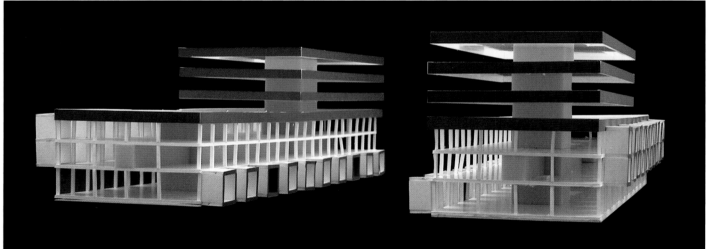

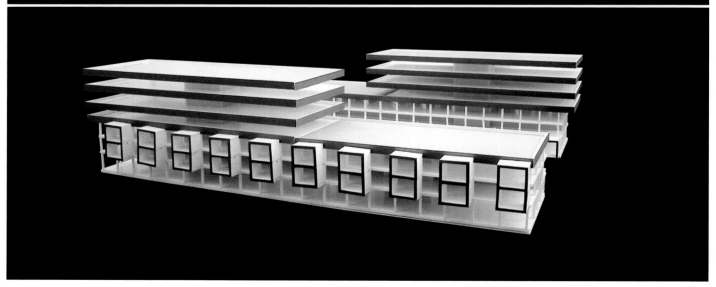

Proyectos residenciales
Conjunto de viviendas Am
Eulachpark, Winterthur

Residential projects
Am Eulachpark housing
complex, Winterthur

81

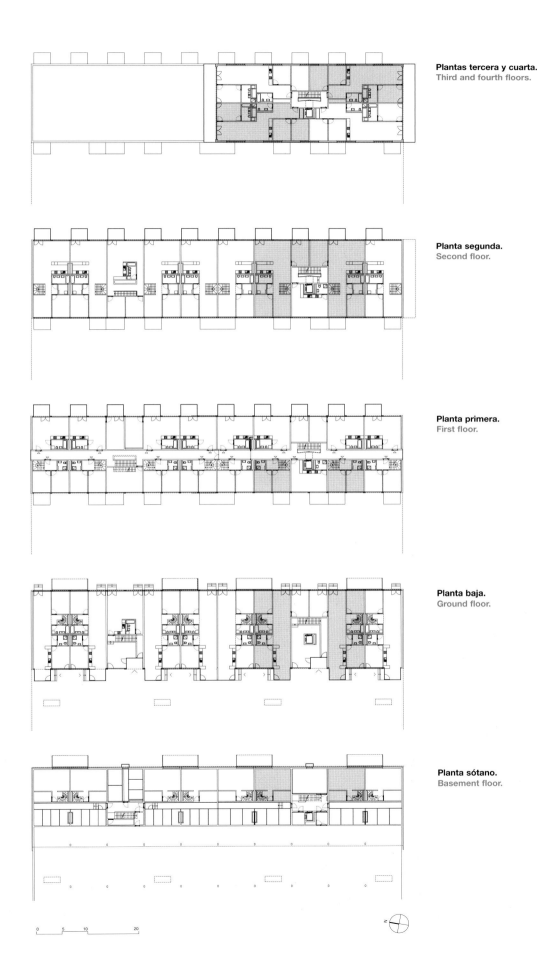

Plantas tercera y cuarta.
Third and fourth floors.

Planta segunda.
Second floor.

Planta primera.
First floor.

Planta baja.
Ground floor.

Planta sótano.
Basement floor.

0   5   10   20

Conjunto de viviendas Sunnige Hof, Zúrich
Sunnige Hof housing complex, Zurich

2001-2005

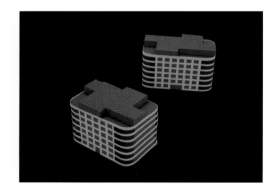

La *siedlung* Sunnige Hof, un proyecto de 1953 de los arquitectos A. F. Sauter y A. Dirler (véase también el edificio Werd), constituye un ejemplo típico del crecimiento urbano de la ciudad de Zúrich durante la década de 1950, llevado a cabo bajo la dirección del arquitecto municipal en aquel momento, A. H. Steiner. Los edificios de viviendas de tres y cinco plantas, escalonados tanto en planta como en sección, constituyen una sucesión poco densa de espacios exteriores semejantes a un patio que permiten vistas pintorescas entre los edificios. El conjunto se cohesiona a través de un "tapiz verde" y los impresionantes árboles existentes (véase también el proyecto de Schwamendingen).

Desde el punto de vista actual, las viviendas son pequeñas (60-70 m²). Por lo tanto, seis de los edificios existentes fueron derribados y sustituidos por seis nuevos edificios de viviendas de grandes dimensiones adecuados para familias. El resto de los edificios se reformarán y pasarán a ser habitados, fundamentalmente, por parejas jóvenes o mayores sin hijos. La reforma de los edificios antiguos y la construcción de los nuevos son interdependientes. Los nuevos edificios se disponen entre los árboles existentes, que actúan como mediadores entre los volúmenes y garantizan la cohesión del conjunto. La concentración de las zonas de aparcamiento en el centro garantiza la conservación de la mayoría de estos árboles. Los balcones dispuestos en las esquinas reaccionan de modo diferente según los árboles que tengan delante y generan una relación específica entre el espacio interior y el exterior en cada vivienda. Un lucernario interior ilumina el hueco de la escalera. El revestimiento de las fachadas está formado por un aislamiento exterior de bajo coste. Las

ventanas cuadradas se anclan en la cara exterior de la fachada, y su potente carpintería metálica integra las cortinas venecianas para protegerse del sol. Las ventanas de las fachadas de menor dimensión se fijaron en la cara interior de los antepechos de hormigón. El profundo intradós genera potentes sombras que, junto con las cortinas exteriores para la protección solar, producen el efecto escultórico deseado.

The Sunnige Hof *siedlung* dates from 1953 and was designed by architects A. F. Sauter and A. Dirler (see also Werd Building). It is a typical example of urban expansion in Zurich in the 1950s as carried out under the direction of the city architect at the time, A. H. Steiner. Three-to five-storey housing blocks staggered in both plan and section form a loose sequence of courtyard-like outdoor spaces that allow picturesque views between the buildings. The complex is held together by a "green carpet" and the impressive existing trees (see also project for Schwamendingen).

From a modern viewpoint the apartments are rather small (60-70 m²). Therefore six of the buildings were demolished and replaced by six new blocks with generously dimensioned, family-size apartments. The rest of the buildings are to be renovated and will then be lived in mostly by younger and older childless couples. The remodelling of the old buildings and the construction of the new ones are interdependent.

The substantial building elements fit like a swarm of fish between the existing tree that mediate between the buildings and ensure the coherence of the estate. The concentrated central layout of the car parking guarantees the preservation of most of the existing trees. The balconies placed at the corners react in a

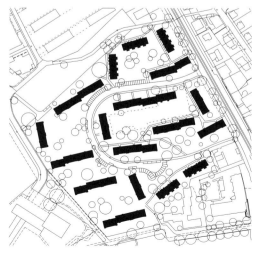

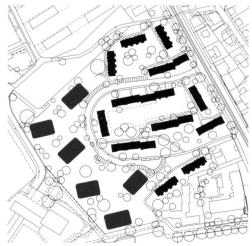

Bloque tipo A.
Standard block A.

Bloque tipo B.
Standard block B.

c

c

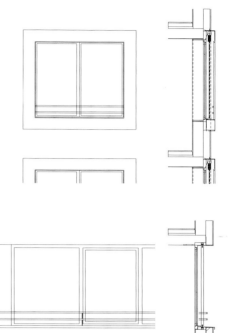

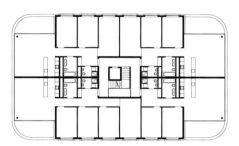

b

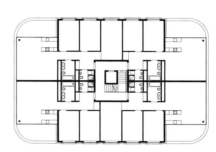

b

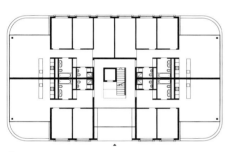

a

a

a. Planta baja.
   Acceso.
a. Ground floor.
   Entrance.
b. Planta tipo.
b. Standard floor.
c. Planta ático.
c. Attic floor.

differentiated way to the trees, creating an individual relationship between inside and outside for each apartment. An internal central roof light lights the staircase.

The facade skin consists of an economic external insulation. The square windows have an externally mounted frame, the louvered sun blinds are integrated in the striking metal frame. The windows on the smaller facades at the end of the building have block frames fitted to the inner edge of the concrete parapet. The deep reveal creates powerful shadows and in conjunction with the external sunshade curtain produces the desired sculptural effect at the ends of the building.

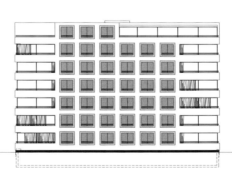

Concurso. Primer premio Competition. First prize | Emplazamiento Location **Else Züblinstrasse, Albisrieden, Zúrich/*Zurich*, Suiza/*Switzerland*** | Arquitectos Architects **Burkhalter Sumi architekten** | Colaboradores Collaborators **Aret Tavli** | Concurso Competition **2001** | Proyecto Design years **2005** | Paisajismo Landscape planning **Vogt Landschaftsarchitekten** | Consultores técnicos Technical consultants **Halter Generalunternehmung AG (control de presupuestos/*budget control*)** | Cliente Client **Siedlungsgenossenschaft Sunnige Hof**

Ordenación de la zona de la estación central, Zúrich
Development of the Central Station area, Zurich

2004

Un eje de acceso fraccionado y diseñado como bulevar, junto a una sucesión fluida de tres plazas, conecta el espacio fluvial del río Sihl con Langstrasse. La nueva plaza de la estación junto al Sihl es el espacio de entrada a esta área. La Kanonenplatz marca el centro interior de la zona y, en el extremo de Langstrasse, la calle se abre una vez más formando una plaza.
La altura de los edificios se ajusta la normativa de la zona adyacente, que es de 21 m. Puntualmente se aumenta la altura hasta los 50-80 m, en las torres que señalan la ubicación de las tres plazas. Cada conjunto de torre y plaza constituye un elemento urbano que, a su vez, también posee un carácter simbólico. Gracias a la geometría fraccionada del eje, la mirada de los transeúntes se dirige repetidamente hacia una de las torres, o viceversa: son puntos de referencia que guían a los transeúntes a través de la zona.
La Lagerstrasse se construyó como un bulevar urbano. La Zwillingsplatz, ubicada junto al puesto de maniobras y de la Kanonenplatz, forma conjuntamente con la parada del tranvía el nuevo centro del barrio: punto de llegada de la pasarela sobre las vías, final de la Kanonengasse y punto de inflexión del nuevo eje. Un lugar en el que, por las noches, se puede comer en restaurantes elegantes y bailar hasta la madrugada.
La nueva plaza de la estación junto al río Sihl se abre a uno de los espacios urbanos más atractivos de Zúrich: el espacio fluvial del Sihl. El alto edificio junto a la estación, visible desde lejos, simboliza una puerta de Zúrich "al mundo".
Los edificios de viviendas realizados por diversos arquitectos se alinean a lo largo del eje de circulación interior conformando un nuevo borde de la ciudad. Los solares pueden desarrollarse de distintas formas en función de los intereses de los diferentes inversores y los programas que deseen. El planeamiento admite la construcción de bloques compactos, edificios con patios e, incluso, de casas unifamiliares en hilera, de forma análoga a lo que sucede en la Strada Novísima de Génova. Los distintos usos planteados, viviendas de lujo, hoteles, oficinas, centros de congresos, escuelas, instalaciones deportivas, bibliotecas, etc., que son "utilizados" por distintos usuarios en distintos momentos, crean un barrio pleno de vitalidad a cualquier hora del día.

A broken, boulevard-like circulation axis, coupled with a loose sequence of three urban squares, connects the area along the River Sihl with Langstrasse. The new railway station forecourt on the River Sihl provides the opening beat. Kanonenplatz accentuates the inner centre of the district, while on Langstrasse the street opens once again to create a kind of square.
The height of the building volumes is based on the permitted building height in the neighbouring area of the city, which is 21 metres. The three open spaces are additionally marked by 50- to 80-metre-high tower buildings. Each tower building and square forms an urban ensemble, but at the same time they also have a symbolic character. The gaze of passers-by is repeatedly attracted towards one of the towers by the broken geometry of the axis or viceversa. The tower buildings are focal points that guide passers-by through the site.
Lagerstrase is developed as an urban boulevard. Together with the tram stop, Zwillingsplatz at the signal box and

Kanonenplatz form the new centre of the district: the point where the footbridge over the tracks arrives, the end point of Kanonengasse and the bend in the new axis. In the evening people dine here in good restaurants and dance until the early hours of the morning. The new railway station forecourt on the River Sihl opens towards one of the most exciting spaces in Zurich: the space along the Sihl. The high-rise building at the railway station is visible from afar and forms Zurich's "gateway to the world".

The city buildings designed by different architects are arranged to form a new city edge along the inner circulation axis. The building sites can be developed according to different programmes. Depending upon the particular investor a major form can be built, buildings with courtyard made, or even town houses analogous to the Strada Novissima in Genoa erected. Different uses such as luxury housing, hotels, offices, congress centres, schools,

sports facilities, libraries and so forth, which are "used" at different times of the day by very different types of users, create an urban district that is alive all around the clock.

Emplazamiento Location **Zúrich/*Zurich*, Suiza/*Switzerland*** | Arquitectos Architects **Burkhalter Sumi architekten en colaboración con/*in collaboration with* Theo Hotz Architekten AG, Gigon Guyer Architekten** | Colaboradores Collaborators **Yves Schihin, Thomas Fässler, Pascal Mischler** | Proyecto Design years **2004** | Paisajismo Landscape planning **Zulauf Seippel Schweingruber** | Consultores técnicos Technical consultants **Metron Verkehrsplanung (tráfico/*traffic*)** | Cliente Client **Amt für Städtebau der Stadt Zürich, SBB Immobilien**

**Desarrollo urbano
previsto para 2008.**
Urban development
foreseen for 2008.

**Desarrollo urbano
previsto para 2015.**
Urban development
foreseen for 2015.

10 50 100   200

Planificación urbana
Ordenación de la zona de la
estación central, Zúrich

Urban planning
Development of the Central
Station area, Zurich

87

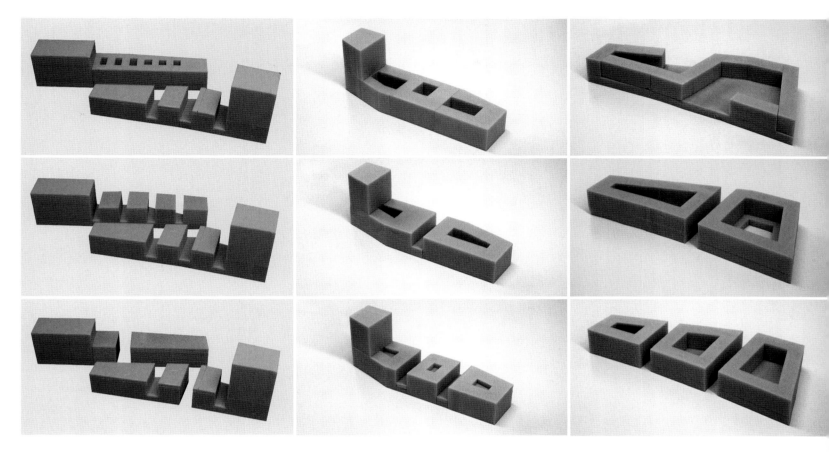

Cada uno de los sectores puede ser desarrollado de diversos modos, atendiendo a los diferentes objetivos comerciales y, por lo tanto, a las diversas tipologías que cada promotor que intervenga en la construcción de la zona considere oportunas.

Each of the sectors can be developed in different ways, thus taking account of varying commercial objectives and, therefore, of the diverse typologies that each developer who intervenes in the construction of the area may consider opportune.

Renders Renders Gigon Guyer Architekten

Proyecto para la densificación de Schwamendingen, Zúrich
Project for the densification of Schwamendingen, Zurich

2004

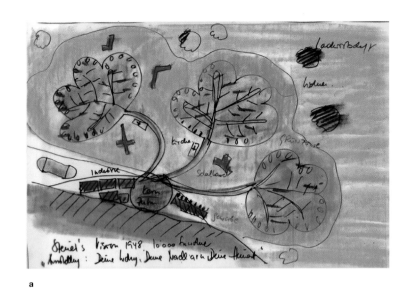

La Flor de Steiner.
A. H. Steiner es el autor de las ampliaciones de la ciudad jardín de Zúrich a partir de 1945. Basándose en la Flor de Steiner, una ciudad utópica para 10.000 habitantes, Marianne Burkhalter esbozó los resultados de una densificación incontrolada de este modelo urbano.
The Steiner Flower.
The father of the garden city expansion of Zurich after 1945 was the city architect A.H. Steiner. Basing herself on the Steiner Flower, an urban utopia for 10,000 residents, Marianne Burkhalter sketched the consequences of an uncontrolled densification of this urban model.

a

Era necesario transformar la ciudad jardín de Schwamendingen en un "jardín ciudad", de tal forma que se conservase y reforzase la naturaleza singular de la misma, situada en un espacio verde con una baja densidad construida.
Se trata en concreto de un jardín ciudad que se extiende entre un terraplén al lado de la vía del tren y la autopista al norte, hasta un bosque urbano al sur, mientras que al este y al oeste realiza una transición suave hacia las zonas residenciales vecinas. Se accede a este parque mediante unas calles que no lo dividen, sino que forman parte del mismo: avenidas ajardinadas que más que erigirse en conexiones directas entre dos puntos invitan a desplazarse por los espacios verdes y disfrutar del trayecto.
Incluso la Überlandstrasse, al norte de la zona, está proyectada como una avenida funcional y, al mismo tiempo, ajardinada, en la que las hileras de álamos retoman un motivo ya existente y lo convierten en un elemento distintivo del lugar.
La ciudad jardín, concebida como una ciudad residencial, sigue siéndolo a pesar de su nuevo carácter como jardín ciudad. Los edificios de oficinas y los espacios comerciales se ubican en las zonas más densas, que son las situadas en el norte y en el centro.
En conjunto, el proyecto consiste en la conservación, transformación y mejora de un territorio que en algunos lugares presenta unas cualidades que resultan obvias y, en otros, deben ser descubiertas de nuevo. La ciudad jardín conforma una parte tan importante de la ciudad de Zúrich como pueden serlo Niederdorf o el barrio alrededor de la estación central de ferrocarril. Pero, ante todo, y dentro de una pequeña gran ciudad como Zúrich, constituye otro espacio destinado a viviendas que enriquece a la ciudad y que, por lo tanto, debe ser cuidado.
The intention is to transform the garden city of Schwamendingen into a city garden: the aim is to hereby preserve and indeed strengthen the

particular charm of the loosely developed town in its verdant setting. A large urban garden extends between the railway embankment and the motorway in the north and the town woodlands to the south, while in the west and east it makes a gentle transition to the neighbouring residential areas. This garden is accessed by streets that do not carve it up but are parts of the parkland: these so-called parkways are not so much direct connections between two points but instead invite one to experience moving through the green space in a way that is equally intensive and pleasant.
Even the Überlandstrasse in the north of the area is designed as a functional but landscaped avenue whose rows of poplars refer to an existing motif and make it a recognisable characteristic of the place.
The garden city that was initially designed as a residential town still remains one, despite its new character as an urban garden. Office buildings and shopping facilities are created in the denser areas in the north and at the centre. Generally speaking, the issue is the preservation, transformation and improvement of a place whose qualities are, in some places, quite obvious but in others must be rediscovered. The garden town is just as important a part of Zurich as Niederdorf or the district around Bahnhofstrasse. Above all, however, within the relatively small metropolis of Zurich it represents a further living space that should be regarded as an enrichment and looked after as such.

Emplazamiento Location **Schwamendingen, Zúrich/Zurich, Suiza/Switzerland** | Arquitectos Architects **Burkhalter Sumi architekten** | Colaboradores Collaborators **Yves Schihin, Thomas Fässler** | Proyecto Design years **2004** | Urbanismo Urbanism **Vittorio Magnano Lampugnani** | Paisajismo Landscape planning **Vogt Landschaftsarchitekten** | Cliente Client **Amt für Städtebau der Stadt Zürich**

a.
La Flor de Steiner está formada por un centro histórico con zonas residenciales en forma de hoja unidas a él, y una zona verde agrícola en la que se sitúan edificios públicos.
The Steiner Flower consists of a historic centre with residential areas attached like leaves and an agricultural green area with inserted public buildings.

b.
Durante el proceso para aumentar la densidad, se construyó en los espacios verdes situados entre las zonas residenciales foliformes. Las nuevas arterias de comunicación dividen las áreas edificadas produciendo un desgarro en el barrio.
In the course of increasing the density the original green spaces between the leaf-shaped residential areas were built over. New

traffic arteries cut through the development tearing the individual areas apart from each other.

c.
Se construyen nuevos edificios a lo largo de los ejes de comunicación. El establecimiento de grandes supermercados, edificios para ferias de muestras y concesionarios de automóvil introduce una gran cantidad de tráfico en la otrora ciudad jardín. La forma foliforme de la ciudad se vuelve cada vez más fragmentada.
New buildings are erected along the circulation axes. The erection of large supermarkets, trade fair buildings and car salesrooms brings a considerable amount of traffic into the former garden city. The form of the leaf-shaped garden city becomes increasingly fragmentary.

>
Jardín ciudad.
De acuerdo con el análisis anterior, Burkhalter Sumi proponen un tapiz verde continuo y transitable que, en calidad de jardín urbano, conecta las distintas zonas del barrio.
City garden.
On the basis of the above analysis Burkhalter Sumi's proposal for Schwamendingen resembles a defined, continuous green carpet that forms an urban garden connecting the various districts.

b

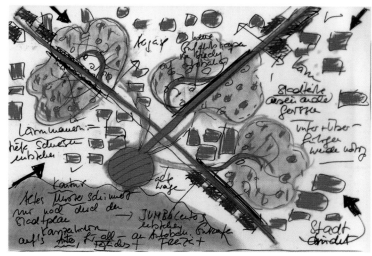

c

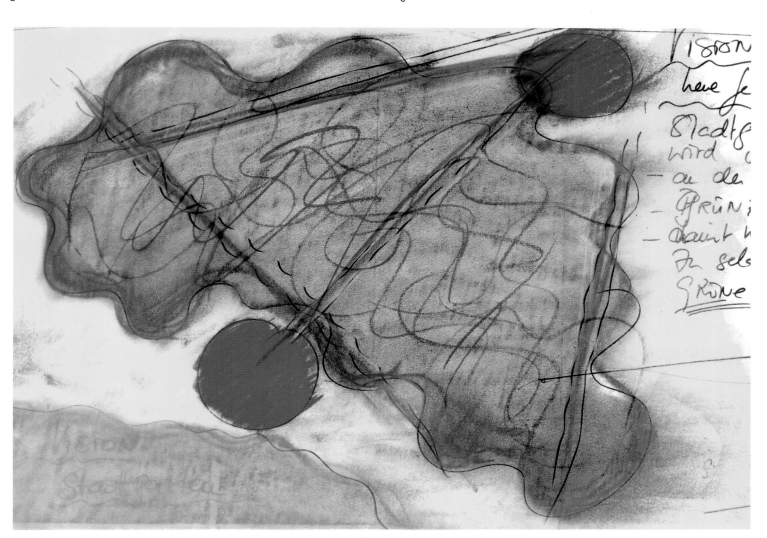

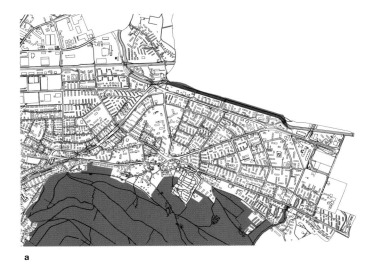

a

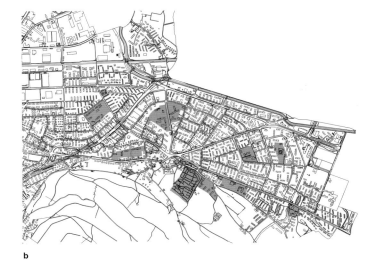

b

c

Capas.
Layers.

Espacios exteriores:
Outdoor spaces:

a. **Zona recreativa periur-
   bana existente (bosque
   y zona Glatt).**
a. Existing outer-urban
   recreation area (woods
   and Glatt area).

b. **Espacios verdes públicos existentes (instalaciones escolares, pis-
   cinas y cementerios).**
b. Existing public green
   spaces (schools, swim-
   ming pools and ceme-
   teries).

c. **Vista futura del tapiz
   verde continuo como
   jardín urbano.**
c. Vision of the continuous
   green carpet as an
   urban garden.

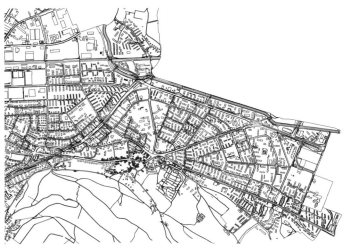

d

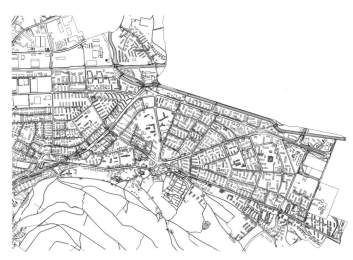

e

Planificación urbana
Proyecto para la densifica-
ción de Schwamendingen,
Zúrich

Urban planning
Project for the densification
of Schwamendingen,
Zürich

91

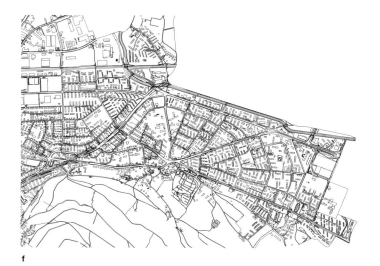

f

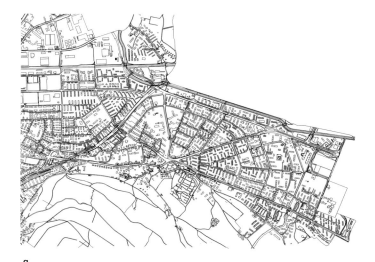

g

Estabilizadores:
Stabilisers:

**d. Núcleo urbano
protegido.**
d. Protected city centre.

**e. Edificios públicos
protegidos (escuelas
e iglesias).**
e. Protected public buil-
dings (schools and
churches).

**f. Zonas protegidas de
la ciudad jardín.**
f. Protected housing
estates in the garden
city.

**g. Complejos residencia-
les que merecen ser
protegidos.**
g. Housing estates deser-
ving of protection.

**h. Edificios que merecen
ser protegidos.**
h. Buildings deserving of
protection.

Densificaciones:
Densifications:

**i. Huellas: aumento de la
densidad mediante un
crecimiento de textura
similar a la existente.**
i. Footprints: an increase
in density through
expansion using a simi-
lar grain.

**j. Aumento de la densi-
dad de un modo com-
pacto en las zonas
periféricas y en el
centro.**
j. Massive local increases
in density on the edges
and at the centre.

h

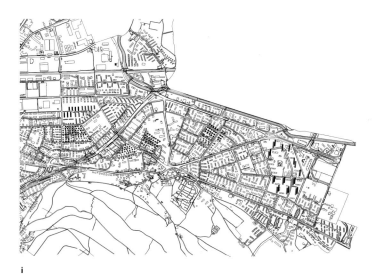

i

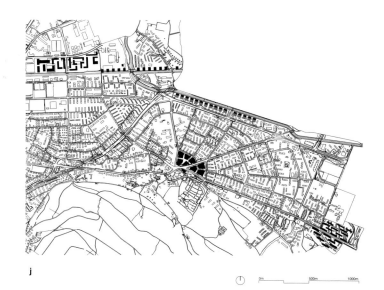

j

0m   500m   1000m

Las calles se transforman en avenidas de circulación ajardinadas.
El espacio ocupado por las vías del tranvía en la Wintenthurstrasse se transforma en un espacio verde con árboles frutales, neutralizando su efecto separador. La avenida ajardinada forma parte del espacio verde.
The streets are redesigned to become park- and driveways. The area of the tramlines on Winterthurstrasse is transformed into a green space with fruit trees and is thus no longer a separating element. The parkway is part of the green space.

Renders Renders Vogt Landschaftarchitekten.

Gracias a la supresión de los elementos que se encuentran en las calles, tales como vallas o setos, y al clareado de la zona arbolada que existe a lo largo de la Herzogenmühlestrasse, se crea un espacio nuevo continuo y con amplitud visual.
By eliminating the elements lining the street such as fences or hedges and by thinning out the trees along Herzogenmühlestrasse a new continuous space with a visual depth is created.

Renders Renders Vogt Landschaftarchitekten.

La Überlandstrasse se transforma en una avenida ajardinada mediante la introducción de una franja central con álamos y la segregación de las vías de acceso, reduciendo de este modo el espacio de separación de la carretera. A lo largo de la misma se aumenta la densidad de la zona periférica del "jardín ciudad".
The transformation of the Überlandstrasse into a driveway—by introducing a centre strip with poplars and separate access roads—reduces the size of the divisive street space. Along the street massive increases in density are made at the edge of the "city garden".

Renders Renders Vogt Landschaftarchitekten.

Planificación urbana
Proyecto para la densifica-
ción de Schwamendingen,
Zúrich

Urban planning
Project for the densification
of Schwamendingen,
Zurich

93

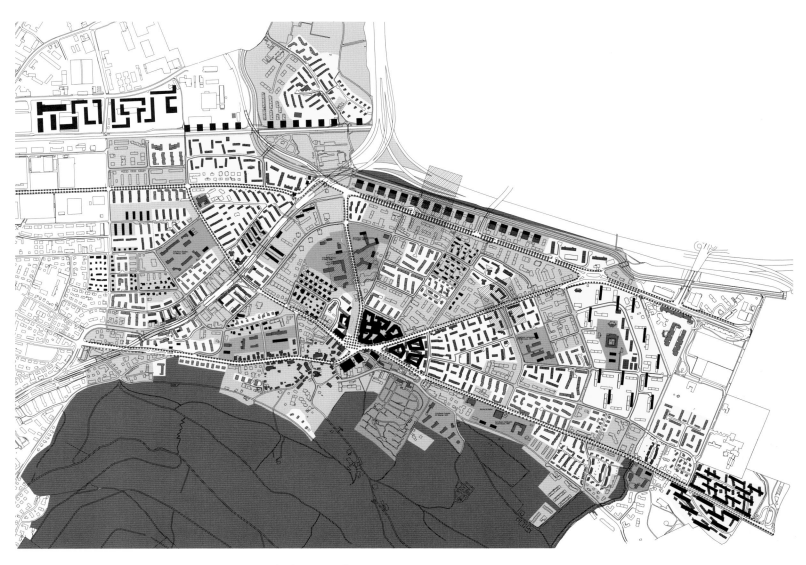

Plan estratégico.
El plan estratégico recoge
las distintas capas del proyecto. Consiste en una
especie de plan Steiner
dinámico; es decir, constituye la base de la transformación de la ciudad jardín
de Steiner en un "jardín
ciudad".
La infraestructura más
importante que incluye el
plan es la autovía que
cruza diagonalmente la
zona por el oeste, aunque
se reduce su impacto des-
tructivo para la ciudad
insertando su trazado en el
terreno como si se tratara
de una trinchera. De este
modo, el parque no pierde
la unidad visual y, en términos funcionales, ambas
zonas están unidas por
medio de amplios puentes.
Se aumenta la densidad en
las zonas periféricas situadas al norte, a lo largo de
la línea de ferrocarril y del
arroyo. También se refuerza el centro existente y se

establecen relaciones con
el centro de Stettbach, en
donde, así mismo, se
aumenta la densidad.
En el espacio verde público y continuo se imple-
mentan diversos modelos
de ocupación que tienen
en común un sistema de
crecimiento abierto, una
densidad baja y una estre-
cha interacción con el
espacio verde.
Se conservan aquellos
complejos residenciales
cuya calidad funcional y
estado de conservación
son indiscutibles. En los
espacios libres resultantes
se plantea la construcción
gradual de nuevos comple-
jos residenciales que
deben igualar o superar en
calidad a los existentes;
de este modo, por una
parte se mantiene el con-
cepto de urbanización y,
por otra, se garantiza su
desarrollo. Estos comple-
jos residenciales constituyen barrios dentro del

barrio que contribuyen a
crear un sentimiento de
identidad y pertenencia.
Strategic plan.
The strategic plan com-
bines the different layers.
It forms a kind of dynamic
Steiner plan; that is, it
forms the basis of the
transformation of the
Steiner garden city into a
"city garden".
The motorway that leads
through the district in the
west is accepted as a
major infrastructural element, its destructive impact
on the city is reduced by
cutting its trajectory into
the ground. In this way the
park area again forms a
visual unity, while in functional terms the two sec-
tions are also knitted
together: by bridge buildings, some of which are of
a considerable width.
Density is increased along
the northern edges, along
the railway line and the
stream. The existing centre

is also strengthened and
placed in a context with
the centre of Stettbach,
where the density is also
increased.
Between, on the continu-
ously open and public
green space, a kind of
patchwork of different
development patterns is
created which have in
common an open develop-
ment system, low density
and close interplay with
the greenery. The housing
complexes, whose func-
tional quality and conser-
vation value is uncontest-
ed, are preserved; while
between them new hous-
ing developments of the
same or even higher quality are gradually introduced.
These serve to keep the
pattern alive and to devel-
op it further. These housing
developments form dis-
tricts within districts and
contribute to creating a
sense of identity.

Ordenación de la zona de Seewen-Feld, Schwyz
Development of the Seewen-Feld area, Schwyz

2004

Como alternativa a que un crecimiento urbano en extensión continúe estropeando el paisaje suizo, se opta por condensar "hacia el interior" la heterogénea configuración de los edificios existentes. La articulación en pequeñas "manchas" (una especie de colección de construcciones agrícolas) que es una característica típica del crecimiento urbano en esta región, se reinterpreta en este proyecto como "una estructura de solares ordenados de forma holgada". Estos solares están integrados en una red de praderas, frutales y prados ondulantes regularmente segados. Las construcciones agrícolas vacías asumen nuevas funciones, y se destinan a actividades sociales del barrio.
El área se divide en tres zonas tipológicas diferenciadas:
Cintas: siguiendo el trazado de la Steinertrasse, las cintas adoptan la misma textura edificada que los conjuntos edificados existentes en dicha calle, y se vuelven más densas hacia el norte. Las casas en hilera, de dos plantas de altura, se escalonan siguiendo

la pendiente, y cada una de ellas disfruta de vistas desde la terraza superior hacia el Rigi y el lago Lauerzer. Todas las viviendas tienen un gran jardín privado.
Enjambre: de forma análoga a las construcciones existentes, orientadas en paralelo a la pendiente, los nuevos edificios continúan el modelo de urbanización desarrollando su potencial urbanístico. Los edificios y los espacios exteriores de nueva creación forman un conglomerado morfológicamente semejante a un enjambre, con un límite claramente definido en el norte y abierto en diagonal hacia las vistas en el sur.
Racimos: como bloques de piedra erráticos que hubiesen ido rodando desde el Mythen hasta pararse en este lugar, los edificios forman racimos de distinto tamaño, con sus propias circulaciones y "plazas de pueblo". Cada edificio tiene su propio carácter, gracias a las diferentes alturas que se definen para cada uno de ellos. Las viviendas de la planta baja disponen de su propio pabellón en el jardín, y las de las plantas superiores de amplios balcones.

As an alternative to continuing the sprawling development of the Swiss landscape, the existing heterogeneous structure of buildings is condensed "inwards". The articulation into smaller "patches"—a kind of collection of farms, a typical characteristic of the development structure in this region—is reinterpreted in this project as "a structure of loosely arranged building sites". The building sites are embedded in a network of meadows, fruit trees and hilly, regularly mown meadows. The empty agricultural buildings are converted for local public use.
The area is subdivided in three typologically differentiated parts:
Bands: following the course of Steinerstrasse the bands take up the grain of the existing street development and condense it towards the north. The two-storey terraced houses are stepped along the slope and the terrace on the upper floor offers a view of Rigi and Lauerzersee. All dwellings have their own generously sized private garden.

Swarm: analogous to the existing development that is oriented parallel to the slope, the weave of the development pattern is continued by the new buildings and in this way unfolds its urban potential. Like a swarm the buildings form a conglomerate with the newly designed outdoor space that is clearly defined towards the north and opens diagonally towards the view in the south.
Bunches of grapes: like erratic blocks of rock that have tumbled down from the Mythen Mountains coming to rest here in groups, the buildings form bunches of grapes of different sizes with their own circulation and internal "village square". Through differentiating the heights of the buildings each dwelling is given its own character. The ground-floor apartments have their own garden room at the front. There are large balconies on the upper floors.

Concurso. Primer premio Competition. First prize I Emplazamiento Location **Seewen-Feld, Schwyz, Suiza/ _Switzerland_** I Arquitectos Architects **Burkhalter Sumi architekten** I Colaboradores Collaborators **Yves Schihin, Thomas Fässler, Sarah Bridges, Tyler Walker** I Concurso Competition **2004** I Urbanismo Urbanism **Vittorio Magnano Lampugnani** I Paisajismo Landscape planning **Klötzli und Friedli Landschaftsarchitekten** I Cliente Client **Grundeigentümergemeinschaft IDEE Seewen-Feld**

0   100   200

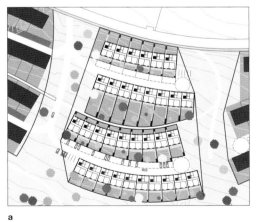

a

b

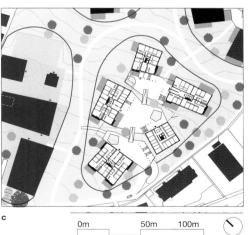

c

0m   50m   100m

a. Cintas.
a. Bands.
b. Enjambre.
b. Swarm.
c. Racimos.
c. Bunches of grapes.

Reforma del laboratorio EMPA, Dübendorf
Remodelling of the EMPA Laboratory, Dübendorf

1995-1999

Los edificios del EMPA, obra del arquitecto Forrer y construidos entre los años 1959 y 1962, son un típico ejemplo de refinados edificios industriales y laboratorios que, tradicionalmente, son fruto de encargos a arquitectos relevantes, en un país como Suiza que se caracteriza por sus industrias de transformación de materias primas. Ejemplos de ello son los edificios de Rudolf Salvisberg y Roland Rohn en Basilea para La Roche, o los edificios de Georges-Pierre Dubois y Jakob Eschenmoser para la fábrica Saurer en Arbon.

La silueta plegada y modulada de la cubierta, que desde lejos recuerda vagamente al proyecto para el concurso de la nueva estación de ferrocarril de Gottfried Semper en Zúrich, adopta la planta modular del edificio y, de esta forma, integra en él al nuevo volumen, que duplica el tamaño del existente. Los módulos de la cubierta están formados por elementos prefabricados de madera, sustentados por las vigas de acero de sección en H de la nave. Ésta se ventila a través de las cumbreras de la cubierta; el desagüe de la misma se realiza por el punto más bajo de la estructura.

Las tres bandas de claraboyas acentúan el carácter longitudinal de la nave, "disimulando" de este modo la verdadera dirección en la que se orienta la estructura de soporte. Durante el 90 % del año se puede trabajar sólo con luz natural (sin necesidad de iluminación artificial adicional). La puerta del hangar, de 15 m de anchura y 15 m de altura, se diseñó especialmente para este edificio.

El revestimiento del antiguo edificio fue rediseñado para que la nueva nave se incorporara plenamente a lo existente. Entre otras medidas, las aberturas de pequeño tamaño, con marcos de madera y aluminio, fueron sustituidas por un nuevo acristalamiento de vidrio laminado, y las antiguas puertas de vidrio lo fueron por puertas nuevas, con un buen aislamiento y grandes ojos de buey, un vestigio típico de la década de 1950.

The EMPA buildings by architect Forrer date from 1959 to 1962 and are typical examples of those refined industrial and laboratory buildings which have traditionally been important building commissions in Switzerland, a country that processes raw materials. Examples include the buildings by Rudolf Salvisberg and Roland Rohn for La Roche in Basel or the buildings by Georges-Pierre Dubois and Jakob Eschenmoser for the Saurerwerke in Arbon.

The folded, modulated roof silhouette, vaguely reminiscent of Gottfried Semper's competition entry for the new railway station building in Zurich, takes up the basic grid of the building and thus integrates the new volume (which is twice as large) in the existing building. The roof is made of prefabricated timber elements carried by H-steel sections spanning the hall. The roof is ventilated through the ridges of the hall and is drained at the lowest point of the structure.

The three strips of skylights emphasise the longitudinal direction of the hall and thus "conceal" the direction in which the space is actually spanned. For 90 % of the year work can be carried out here using just daylight (i.e. without any artificial light). The 15-metre-wide and 15-metre-high hangar gate was developed especially for this building.

The building envelope has been redesigned while incorporating the new hall: the small-scale glazing with wood and aluminium frames has been replaced by new large-scale laminated glass in the form of structural glazing, the

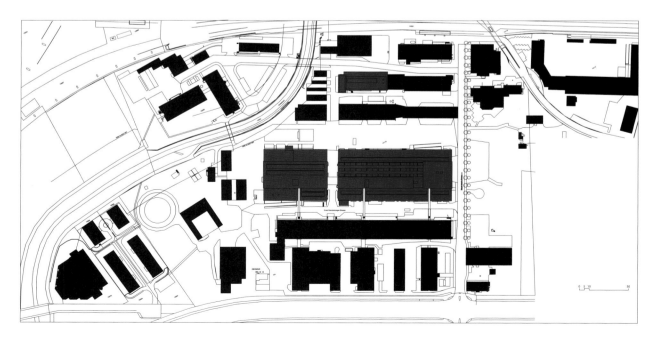

old glass gates are replaced by new closed and highly insulated ones with powerful port-hole windows as a typical relic of the 1950s.

Concurso. Primer premio Competition. First prize | Emplazamiento Location **Ueberlandstrasse, 129, Dübendorf, Suiza/*Switzerland*** | Arquitectos Architects **Burkhalter Sumi architekten** | Colaboradores Collaborators **Jürg Schmid, Volker Lubnow, Hermann Kohler** | Concurso Competition **1995** | Final de las obras Completion date **1999** | Ingenieros Engineers **Volkert + Zimmermann, SHNZ Ingenieure** | Paisajismo Landscape planning **Vogt Landschaftsarchitekten AG** | Cliente Client **Bauten Forschungsanstalten Dübendorf (antes/*previously* Amt für Bundesbauten)** | Aparejadores Master builders **GMS Partner AG** | Fotografías Photography **Heinrich Helfenstein**

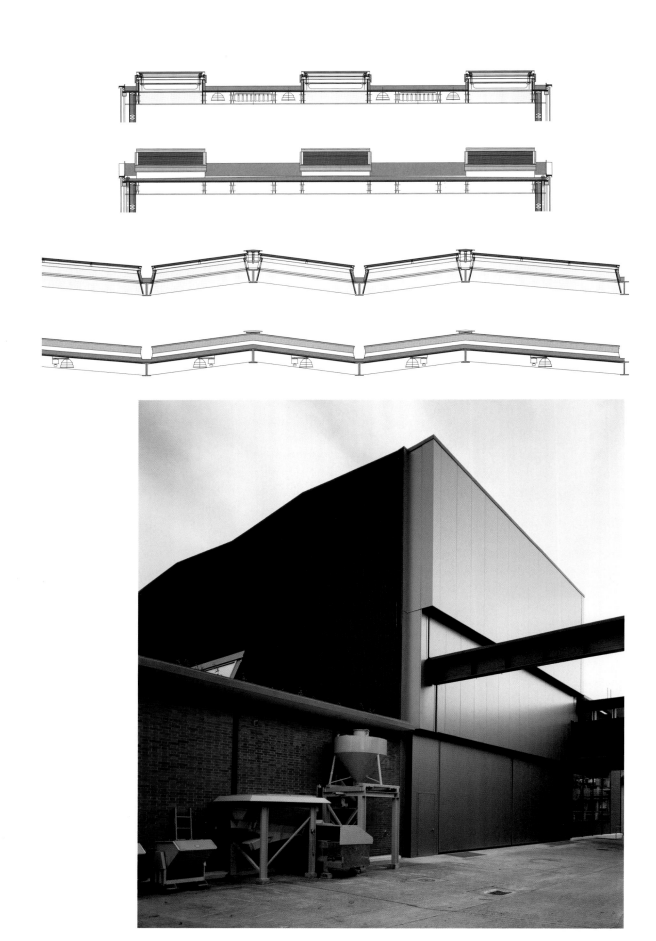

Reforma del edificio Sulzer, Winterthur
Remodelling of the Sulzer Building, Winterthur

2000-2001

El edificio neoclásico de 1929, obra del arquitecto Johann K. Völki Lebrecht —autor también de la reforma y ampliación del ayuntamiento de Gottfried Semper en Winterthur—, conforma la esquina de un monumental complejo de oficinas que no se llevó a cabo por completo. El impresionante zócalo y la decoración arquitectónica monumental del friso de la cubierta imprimen carácter al *Olimpo*, que es como se denomina popularmente al edificio. Se ha doblado la anchura original del pasillo, que era de sólo 2 m, y la hilera de pilares conforma la nueva espina dorsal del edificio. La interacción tectónica entre el pilar y la viga se refuerza mediante la iluminación incorporada y el sorprendente uso del color. La utilización de materiales nobles como el granito y unas instalaciones completamente integradas y, por lo tanto, invisibles, generan una atmósfera que se sitúa cerca de "la elegancia y la representación" industrial, un concepto utilizado por Ulrike Jehle con relación a los edificios de Otto Rudolf Salvisberg para La Roche. El vestíbulo de entrada, que alberga una obra del artista de Zúrich Mayo Bucher, y la mampara azul que hace las veces de luminaria, constituyen, junto a la luminosa escalera típica del movimiento moderno, un preámbulo del carácter representativo del edificio. Las salas de reuniones se encuentran en la planta ático. Su estructura de pilares se integra de forma deliberada en la estructura neoclásica del edificio. El *Olimpo*, que siguiendo la tradición clásica de los edificios monumentales se encuentra ligeramente retirado de la alineación de la calle, imprime carácter a la entrada en la ciudad gracias a su acceso arbolado. Junto con la torre Sulzer, define el área que ocupa la empresa y que actualmente se está reestructurando de un modo ejemplar. En este sentido, gracias a la transformación de las antiguas instalaciones industriales en empresas de servicios y en viviendas, Winterthur dispondrá, durante los próximos años, de una zona urbana cuya superficie es mayor a la de la antigua ciudad medieval (véase el proyecto de viviendas Am Eulachpark).

The neo-classicist building dating from 1929 by the architect Johann K. Völki Lebrecht— the same architect who converted and extended Gottfried Semper's Stadthaus in Winterthur—forms the corner block of a monumental office complex that was never carried out in its entirety. The powerful plinth and the monumental architectural decoration at the roof edge characterise "Olympus", as this building is popularly known.

The corridor, originally only two metres wide, is doubled and the row of piers is liberated to form the new backbone of the building. The tectonic interplay between pier and beam is strengthened by the integrated lighting and the striking use of colour. Together with the use of noble materials such as granite and integral, concealed building services an atmosphere is created that lies close to industrial "elegance and representation", a term Ulrike Jehle used in connection with Otto Rudolf Salvisberg's buildings for La Roche.

The entrance hall, with a work by Zurich artist Mayo Bucher, and the draught lobby made in the shape of a blue lantern, together with the light-flooded modernist staircase, form the representative opening movement of the building. The conference rooms are located in the rooftop element. The pier-like structure of this pavilion deliberately integrates this element in the neo-classicist structure of the building as a whole. In the tradition of monumental classicist buildings, the "Olympus" is set back slightly from the street. With its tree-lined approach it dominates the entry into the city. Together with the Sulzer high-rise building it forms the pendant to the Sulzer site presently undergoing a model restructuring. Through the transformation of old industrial premises into service industries and housing over the next few years an area several times the size of the medieval old town of Winterthur will come onto the market (in this context see also the Am Eulachpark housing project).

Emplazamiento Location **Zürcherstrasse, 14, Winterthur, Suiza/*Switzerland*** | Arquitectos Architects **Burkhalter Sumi architekten** | Colaboradores Collaborators **Frank Imhof, Katharina Mannhart** | Final de las obras Completion date **2000** | Ingenieros Engineers **Axima AG** | Paisajismo Landscape planning **Vogt Landschaftsarchitekten AG** | Consultores técnicos Technical consultants **Christian Vogt (iluminación/*lighting*)** | Cliente Client **Sulzer Immobilien AG** | Aparejadores Master builders **Axima AG** | Fotografías Photography **Heinrich Helfenstein**

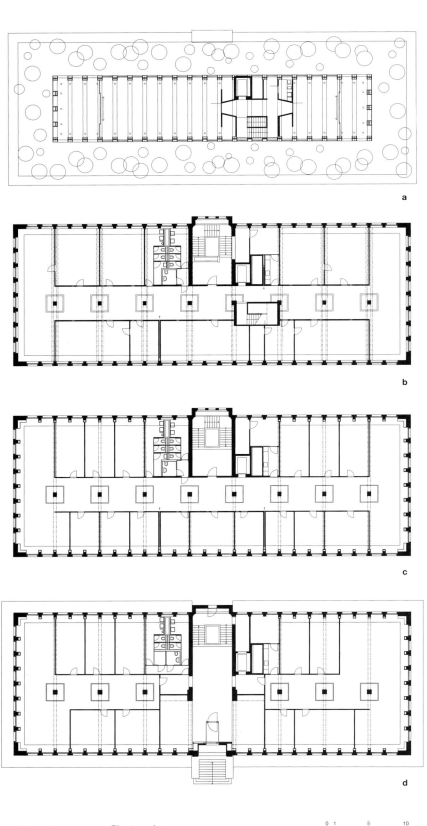

a

b

c

d

a. Planta ático.
a. Attic floor.
b. Planta tercera.
b. Third floor.

**c. Plantas primera
y segunda.**
c. First and second
floors.
d. Planta baja.
d. Ground floor.

0 1   5   10

Proyectos para el trabajo
Reforma del edificio Sulzer,
Winterthur

Projects for the workplace
Remodelling of the Sulzer
Building, Winterthur

105

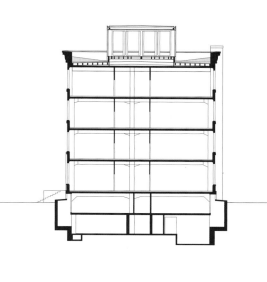

0 1   5   10

Edificio de oficinas, Opfikon
Office building, Opfikon

2000-2002

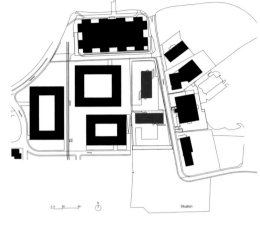

Dos edificios de igual tamaño y 40 metros de altura subrayan la dimensión longitudinal y transversal del solar y, al mismo tiempo, garantizan la transparencia espacial deseada. Ambos destacan de forma deliberada por encima de los tres edificios vecinos previstos en la zona.

Las salas de reunión en voladizo, de forma romboidal, se han ubicado junto a los núcleos de comunicación vertical, que se han dispuesto a ambos extremos de la diagonal del edificio para proporcionar, a su vez, la necesaria rigidez estructural. La hilera central de pilares —de forma parecida a lo que sucede en las oficinas centrales de Sulzer en Winterthur— conecta ambos núcleos creando una especie de espina dorsal interior. Su ubicación perimetral permite las vistas transversales a través de todo el edificio. La tipología de la planta permite distintas distribuciones de las oficinas: oficinas de planta libre con vistas diagonales a través del edificio, despachos individuales en el centro de la fachada y oficinas colectivas abiertas en los extremos o despachos individuales dispuestos al tresbolillo.

Para aislar del ruido de los aviones debido a la cercanía del aeropuerto, la fachada está compuesta de dos capas. Las canalizaciones de agua fría y caliente, las de los rociadores contra incendios, así como la entrada de aire del exterior, están ubicadas en el espacio entre ambas capas, a la altura de los forjados de hormigón. La instalación de renovación de aire procedente del exterior se realiza por medio de conductos situados bajo el forjado, operados eléctricamente; los conductos de salida están empotrados en el forjado de hormigón. Las barandillas de la cubierta son basculantes; en condiciones normales están bajadas y quedan integradas en el canto del forjado de la cubierta; en caso de incendio se levantan automáticamente.

Two 40-metre-high blocks of the same size mark the length and breadth of the site and at the same time guarantee the desired spatial transparency. They are deliberately distinguished from the three planned neighbouring buildings.

The projecting conference rooms are attached to the diagonally placed circulation cores in a rhomboid pattern. The cores also serve to stabilise the building. The central row of columns connects the two cores and creates a kind of internal spine, much like in the Sulzer headquarters building in Winterthur. The perimetral siting of the cores provides diagonal views across the entire building. The proposed floor-plan typology leads to different kinds of office layouts: open-plan offices with diagonal views through the building, individual offices at the centre of the building and open team offices at the ends or single offices arranged in a criss-cross pattern.

Due to aircraft noise from the nearby airport the facade consists of two layers. The pipe-runs for the hot and cold water, the sprinkler system and the fresh air supply are placed in the space between the two layers at the level of the concrete floor slabs. Local distribution of the fresh air is by means of electric floor conduits; the exhaust air pipework is incorporated in the concrete floor slabs. The railings at roof level are lowered to the edge of the roof, in the case of a fire they are raised automatically.

Concurso. Primer premio Competition. First prize I Emplazamiento Location **Cherstrasse, 3-5, Opfikon, Zúrich/Zurich** I Arquitectos Architects **Burkhalter Sumi architekten** I Colaboradores Collaborators **Jürg Schmid, Katharina Mannhart** I Concurso Competition **2000** I Proyecto Design years **2002** I Ingenieros Engineers **Ribi und Blum (estructura/framework), Amstein Walthert (instalaciones/installations)** I Paisajismo Landscape planning **Vogt Landschaftsarchitekten** I Consultores técnicos Technical consultants **Mebatech AG (fachada/facade)** I Cliente Client **HRS Generalunternehmer**

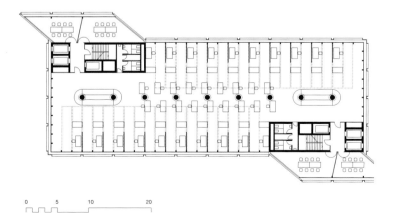

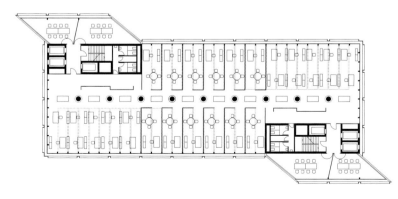

0   5   10   20

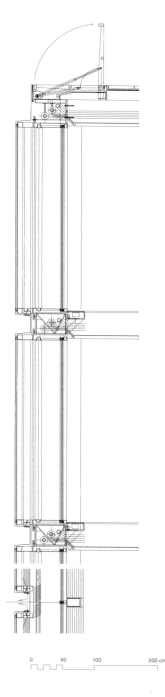

0   50   100   200 cm

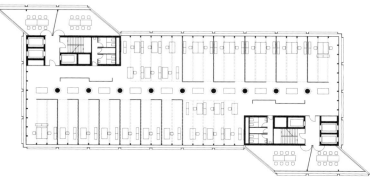

Reforma del edificio Werd, Zúrich
Remodelling of the Werd Building, Zurich

2003-2004

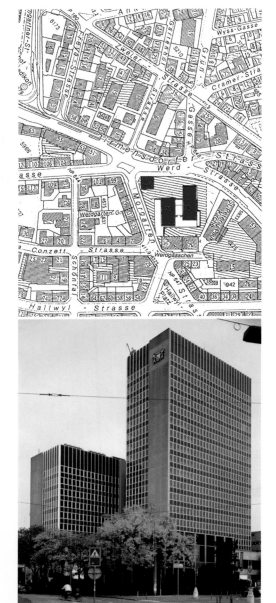

El complejo de edificios de oficinas Werd, obra de los arquitectos A. F. Sauter y A. Dirler (véase también el proyecto de viviendas en la *siedlung* Sunnige Hof), se construyó entre 1970 y 1975. El proyecto se inscribe en la tradición de los modernos complejos de oficinas que surgieron en Estados Unidos a partir de 1945: sustitución de la construcción en bloque clásica por volúmenes aislados, compuestos por una torre, un edificio de poca altura y una plaza. Entre otros, puede citarse el ejemplo de la Lever House (1951-1952) en Nueva York, de Skidmore, Owings & Merrill (SOM).

El carácter de este conjunto de edificios, tan importante para la ciudad de Zúrich, ha sido preservado. Por esta razón, la intervención en el exterior ha consistido únicamente en limpiar la fachada, sustituir los vidrios de las ventanas y aislar mejor los antepechos desde el interior. Los acabados interiores y las instalaciones han sido renovados por completo. En este sentido, los tres criterios fundamentales de la intervención son: un buen aislamiento de las fachadas, la refrigeración de los elementos constructivos y la ventilación. Las instalaciones se dejan vistas; la renuncia a un falso techo hace que la percepción sea de amplitud espacial, confiriéndole, además, la atmósfera típica de un *loft*. Los paneles vistos del techo tienen cuatro funciones: enfrían el forjado de hormigón (que, a su vez, enfría el espacio), calientan de forma directa el espacio, absorben el ruido e incorporan un sistema de rociadores contra el fuego.

En cada uno de los extremos de las zonas de circulación de las plantas de oficinas se encuentran las salas de reuniones. Las zonas comunes de los trabajadores están ubicadas en el cuerpo que conecta ambas torres. Las oficinas se distribuyen siguiendo dos esquemas. En el primero de ellos se renuncia por completo a los despachos individuales y se plantean salas de reunión transparentes que proporcionan un lugar donde poder reunirse o aislarse. En el segundo esquema se plantean despachos individuales cerrados, que se agrupan para permitir que el resto del espacio sea abierto y continuo.

En la planta baja —frente al restaurante previsto en el proyecto— se encuentra la oficina de hacienda, una zona donde la afluencia de público es constante. En la primera planta se ubica un nuevo centro de reuniones y congresos.

The Werd office building complex was built between 1970 and 1975 by the architects A. F. Sauter and A. Dirler (see also the housing complex in the Sunnige Hof *siedlung*). This project is decidedly in the tradition of modern office complexes in the USA from 1945 onwards: the dissolution of the classic block edge development in favour of individual buildings consisting of a vertical slab, a low-rise element and a plaza. Lever House (1951-1952) in New York by Skidmore, Owings & Merrill (SOM) is a good example of this type.

The character of this urban ensemble, which is so important for Zurich, is preserved. The building envelope is simply cleaned, the glazing in the windows is replaced and the parapets are given additional insulation internally. The interior fitting-out (including the building services) is completely renovated. A well-insulated facade shell, the cooling of building elements and air ventilation form the three pillars of the concept. The services are left visible: dispensing with suspended ceilings increases the size of the space and creates a loft-like atmosphere. The visible ceiling panes have four functions: they cool the concrete slabs (which in turn cool the space); they heat the space directly; they absorb sound in the space and they also serve as sprinklers.

The conference rooms form spatial expansions at the ends of the circulation zones on the office floors. The communal areas for staff lie on the space between the two towers. There are two kinds of office layout. In the first type there are no cellular offices at all. Transparent meeting booths provide space for meetings and places to withdraw to. In the second type cellular offices are combined as groups and generate a continuous open spatial system. On the ground floor—opposite the planned restaurant—is the tax office, which has a constant stream of visitors. At first floor level there is a new conference centre.

Emplazamiento Location **Werdstrasse, 75-79, Zúrich/*Zurich*, Suiza/*Switzerland*** | Arquitectos Architects **Burkhalter Sumi architekten en colaboración con/*in collaboration with* atelier ww** | Colaboradores Collaborators **Patrick Filipaj, Bettina Halbach, Florian Schoch** | Final de las obras Completion date **2004** | Ingenieros Engineers **Walt + Galmarini; Polke Ziege von Moos y/and Amstein & Walthert (instalaciones/*installations*)** | Paisajismo Landscape planning **Vogt Landschaftsarchitekten AG** | Consultores técnicos Technical consultants **GMS Partner (control de presupuestos/*budget control*)** | Cliente Client **Amt für Hochbauten** | Empresa constructora Construction company **Unirenova** | Fotografías Photography **Heinrich Helfenstein**

a

b

c

d

a. **Calefacción.**
a. Heating.
b. **Refrigeración.**
b. Air conditioning.
c. **Absorción acústica.**
c. Sound absorption.
d. **Sistema de rociadores contra el fuego.**
d. Fireproofing sprinkler system.

a. Planta tipo con
   salas de reuniones
   tipo camarote.
a. Standard floor with
   ship's cabin-style
   meeting rooms.

b. Planta tipo con
   despachos indivi-
   duales agrupados.
b. Standard floor with
   grouped individual
   offices.

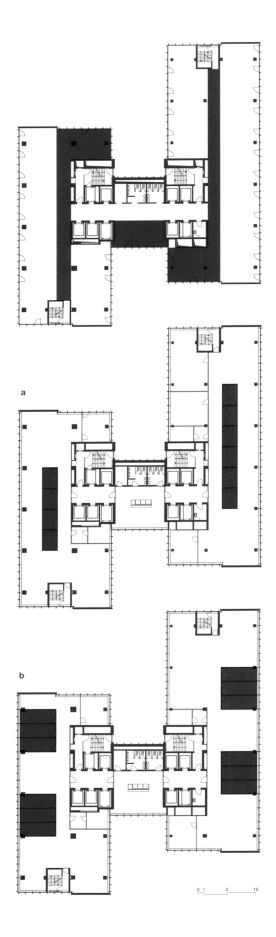

a

b

0 1   5   10

Proyectos para el trabajo
Reforma del edificio Werd,
Zúrich

Projects for the workplace
Remodelling of the Werd
Building, Zurich

111

Planta primera.
First floor.

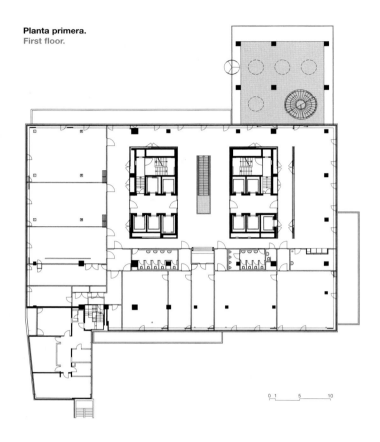

0 1   5   10

Planta baja.
Ground floor.

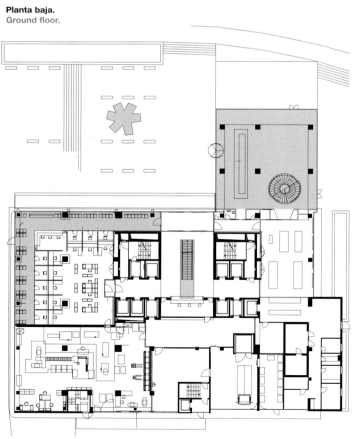

Proyectos para el trabajo
Reforma del edificio Werd,
Zúrich

Projects for the workplace
Remodelling of the Werd
Building, Zurich

115

Edificio de oficinas Eichhof, Lucerna
Eichhof Office Building, Lucerne

2004-2005

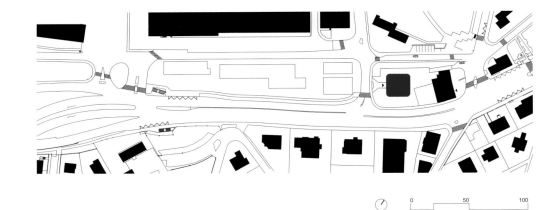

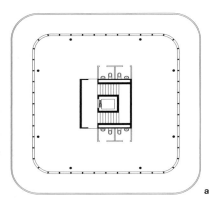

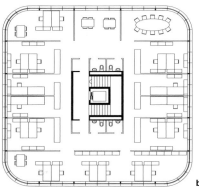

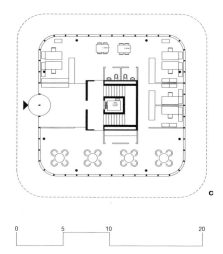

El edificio señala el punto de acceso a los terrenos de la Eichhof, una gran fábrica de cerveza en Lucerna. A través de su configuración clásica (zócalo retranqueado, plantas nobles y ático retranqueado), el edificio de tres plantas, que en términos volumétricos reemplaza a la villa derribada, se integra en el conjunto de edificaciones existentes en la Obergrundstrasse. Al mismo tiempo, genera vistas desde el jardín del restaurante hacia el oeste. El hecho de que se hayan conservado y continuado los límites a lo largo de la calle ha permitido preservar la atmósfera del lugar (con sus setos, distintos tipos de árboles, grava, etc.).

La planta cuadrada, en cuyo centro se ubica el núcleo de comunicaciones verticales, otorga una elevada flexibilidad de uso a los espacios de oficina, que pueden organizarse de forma independiente en cada planta o bien ocupar varias de ellas. Las bandas horizontales de los antepechos y las esquinas redondeadas y aerodinámicas —una referencia a ciertos edificios de la década de 1930— confieren al edificio un dinamismo que, por un lado, está relacionado con el flujo del tráfico de la Obergrundstrasse y, por el otro, funciona como imagen corporativa del nuevo edificio. La calefacción y la refrigeración se realizan a través de un sistema que utiliza los elementos constructivos como agentes térmicamente

activos; en este caso, los forjados actúan como acumuladores de energía. La instalación eléctrica y el sistema de ventilación se han ubicado bajo el pavimento técnico. Las bandas de ventanas dobles ventiladas funcionan de distinta forma según la época del año: en invierno, la capa de aire inmóvil situada entre ambos vidrios acumula el calor, mientras que, en verano, se genera una corriente de aire que funciona como sistema de refrigeración. El funcionamiento de las persianas, de lamas orientables integradas en las ventanas, es automático, protegiendo del sol y regulando la entrada de luz. En la fachada que da a la ruidosa Obergrundstrasse se ha instalado un acristalamiento con aislante acústico. Las bandas de antepechos corridos se ejecutarán mediante fachada ventilada con paneles de fibra de vidrio (Swissfiber) o bien con un aislante exterior enlucido.

The building marks the approach to the Eichhof site, a large beer brewery in Lucerne. The three-storey tower building, which in terms of volume replaces the demolished villa, is classically articulated with a recessed plinth, piano nobile and recessed roof level, thus integrating itself in the existing development on Obergrundstrasse. At the same time there are uninterrupted views towards the west from the beer garden of the restaurant. By preserving

a. Planta tercera.
a. Third floor.
b. Planta primera y segunda.
b. First and second floor.
c. Planta baja.
c. Ground floor.

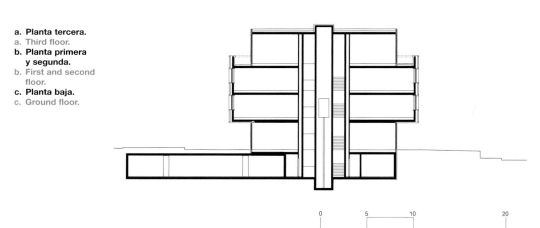

and continuing the boundary along the road, the atmosphere of the place—hedges, different kinds of trees, gravel, etc.—is preserved. The square figure of the plan and the centrally positioned circulation core offer a high degree of flexibility for offices that can be organised individually floor by floor or can occupy several storeys. The horizontal parapet bands and the streamlined rounded corners—a reference to certain buildings from the 1930s—lend the new building the requisite dynamic quality, on the one hand as a reference to the flow of traffic along Obergrundstrassse and on the other as a kind of "branding" of the new structure. The building is heated and cooled by means of the TABS (Thermal-Active-Building Element System), which employs the flat floor slabs as storage mass. The ventilation and electrical service runs are laid in the double floor. According to the time of year the back-ventilated bands of double windows operate differently. In winter the immobile cushion of air between the panes of glass stores warmth,

whereas the draught created in summer has a cooling effect. The louvers integrated in the windows work automatically, they function as sunblinds and regulate the entry of light. Noise-protection glass is used to reduce the disturbance from the busy Obergrundstrasse. The proposed material for the parapet bands is a back-ventilated Swissfiber construction or rendered external thermal insulation.

Concurso. Primer premio Competition. First prize | Emplazamiento Location **Obergrundstrasse, 108, Lucerna/Lucerne, Suiza/Switzerland** | Arquitectos Architects **Burkhalter Sumi architekten** | Colaboradores Collaborators **Yves Schihin, Florian Schoch, Thomas Fässler, Pascal Mischler** | Concurso Competition **2004** | Proyecto Design years **2005** | Ingenieros Engineers **Dr. Lüchinger und Meyer AG (estructura/framework)** | Paisajismo Landscape planning **Stefan Köpfli** | Cliente Client **Brauerei Eichhof**

Pabellón Onoma Expo 02, Yverdon-les-Bains

Onoma Expo 02 pavilion, Yverdon-les-Bains

2002

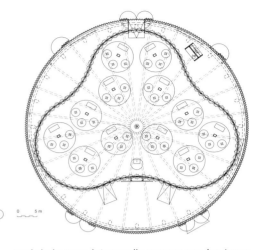

El tema del pabellón hace referencia a la historia de los nombres de pueblos y ciudades suizos; "onomástica" es el nombre de la disciplina que se ocupa de esta investigación.

El pabellón circular se yergue en la plaza de grava como un gran carrusel, despertando en los visitantes asociaciones con las atracciones de un parque de diversión y con las fiestas de los pueblos. Los nombres de las 2. 296 comunidades suizas brillan de un modo distinto según sea la posición del sol sobre la fachada de madera plegada, pintada de color plateado. Topónimos conocidos y desconocidos se alinean alfabéticamente alrededor del pabellón como un fichero giratorio sustentado por su eje. Las longitudes desiguales de los topónimos generan una composición quebrada: la silueta de un paisaje "tipográfico" que adquiere cierto aspecto de panorámica.

El vestíbulo está ubicado entre la forma circular de la piel exterior y la forma irregular de la piel interior. En él se muestra una película promocional que presenta el tema del pabellón a los

visitantes a través de imágenes cargadas de emotividad, y que explica el funcionamiento técnico de los paralelepípedos a modo de estelas. Una vez introducidos en el tema, se abre el telón. De un vistazo se percibe por primera vez el interior. Las fotografías de distintas zonas de Suiza vibran unas frente a otras. La piel textil retroiluminada es la que crea la atmósfera del espacio, una especie de sala suiza. La luz amarilla es sobria y expresiva, cálida y agradable. Los sofás y las estelas con los monitores están colocados a modo de islas sobre 12 alfombras de color verde. Las estelas, giradas unas respecto a otras, recuerdan un baile: el movimiento como símbolo de una Suiza moderna. Uno se siente protegido y agradece la oportunidad de poder descansar un rato. Se contemplan las películas junto a la familia o a personas desconocidas y se habla sobre las afinidades recién descubiertas entre los distintos nombres. La cara interior de la pared, de madera plateada, se ilumina mediante pequeños lucernarios pintados de rojo. La iluminación artificial de color

azul de la zona intermedia genera una luz tenue que diluye los límites del espacio.

This pavilion deals with the history of the place names of all the villages and towns in Switzerland; "onomastics" is the name given to this branch of research.

The round pavilion stands like a large carousel on the gravel-covered square. For visitors it brings to mind fairground stands and communal festivities. Depending on the position of the sun the names of the 2,296 communities in Switzerland shimmer differently in the folded, silvery wooden facade. Familiar and unfamiliar names are arranged alphabetically around the pavilion like a flip card index standing on its end. The different lengths of the various place names produce a left-margin layout that gives a "typographical" landscape profile reminiscent of a panorama.

The foyer is positioned between the circular form of the external envelope and the freely inscribed form of the internal shell. A "teaser film" shown there introduces visitors to the

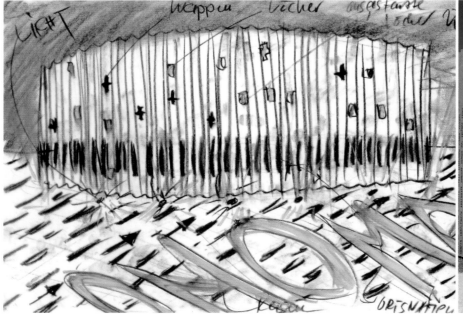

theme by means of emotional images and explains how to use the steles. Once you are attuned to the theme the curtain opens. You get your first look into the interior. Images from different regions of Switzerland flicker towards you. The atmosphere in the space—a kind of Swiss parlour—is created by the radiant textile envelope. The yellow light is restrained, atmospheric, warm and pleasant.

The sofas and film steles stand like islands on 12 green dots of colour on the floor. The steles, which are swivelled away from each other, are like dancers: movement as a symbol of modern Switzerland. You feel protected and take the welcome opportunity to rest for a while.

Together with your family or with strangers you can look at the films and discuss the relationship between the different place names you have just discovered. The inside of the silvery wooden wall is lit through small, red-painted roof lights. The blue artificial light of the intermediate zone creates a dim lighting that eliminates the spatial boundaries.

Emplazamiento Location **Yverdon, Suiza/*Switzerland* (demolido/*demolished)*** | Arquitectos Architects **Burkhalter Sumi architekten** | Colaboradores Collaborators **Ivo Bertolo, Barbara Ruppeiner** | Final de las obras Completion date **2002** | Ingenieros Engineers **Makiol + Wiederkehr (estructura de madera/*wooden framework)*** | Consultores Consultants **Christoph Schaub (película/*film)*, Trix Wetter (escenografía /*mise-en-scène)*** | Cliente Client **Exposition Nationale Suisse Expo 02** | Fotografías Photography **Heinrich Helfenstein**

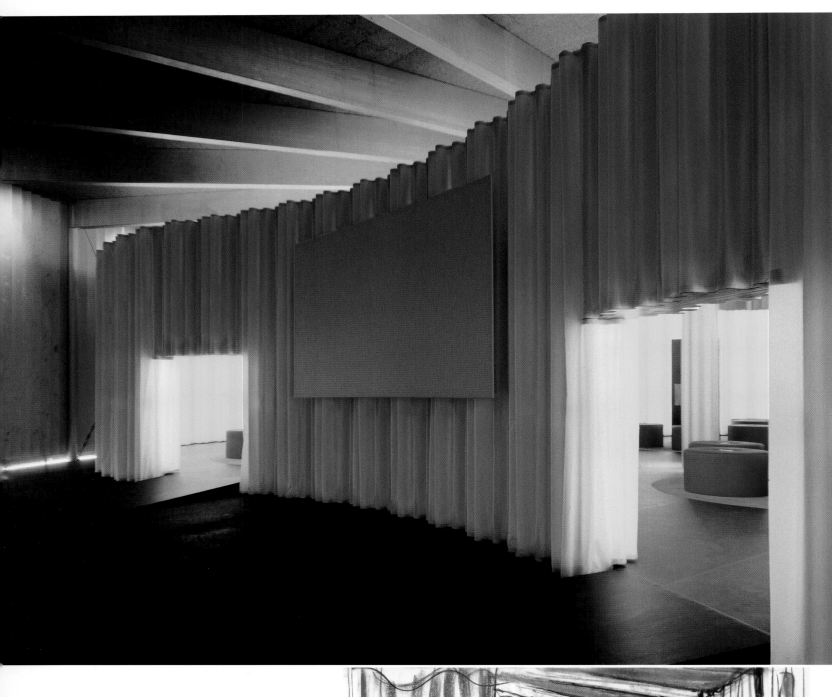

Exposición *Gottfried Semper 1803-1879*, Zúrich
Gottfried Semper 1803-1879 exhibition, Zurich

2003

Con motivo del 200 aniversario del nacimiento de Gottfried Semper (1803-1879), el Museum für Gestaltung und Kunst de Zúrich presentó una exposición dedicada a la obra de este famoso arquitecto.

Junto a las maquetas de madera realizadas a propósito para la exposición, lo más llamativo de la muestra era la reproducción a tamaño natural de su famoso *Waschschiff* (barco lavandería). Semper proyectó el lavadero flotante para el empresario Johannes Treichler, propietario de una empresa de lavandería, en 1862. El proyecto de Semper preveía la decoración de las paredes con pinturas de estilo pompeyano. El barco se construyó de una forma ligeramente distinta y estuvo atracado en el río Limmat durante diez años.

La situación del barco en la sala de exposiciones dividía el espacio en cinco zonas. A lo largo de los costados se ubicaron las secciones dedicadas a Dresde y Zürich; en la parte frontal, la sección Exilio (París y Londres) y, en la otra, Viena. Los edificios se relacionaban entre sí según su afinidad tipológica. El interior del barco albergaba la sección dedicada a la teoría. Este elemento, desplazado ligeramente respecto al eje central de la sala, regulaba el flujo de visitantes y los conducía a través de la exposición.

Un tema central de la exposición, teniendo en cuenta la significación de Semper dentro del debate decimonónico sobre la policromía, es la utilización del color. Partiendo de los colores que era posible fabricar con las posibilidades técnicas de la época, la empresa kt. Color, que producía los colores de la gama cromática creada por Le Corbusier para Salubra, realizó los pigmentos a partir de dibujos existentes. La paleta de colores usada en el barco era clásica: se trata de pigmentos puros, sin mezclas, con la adición ocasional del blanco para tonos más claros. Debido a la necesidad de protección frente al deterioro producido por la intemperie, y para ayudar a que la pintura se adhiriese al metal, se utilizó un aceite como aglutinante de la pintura.

Los colores del barco también se utilizaron en el diseño de la exposición.

On the occasion of the 200th anniversary of the birth of Gottfried Semper (1803–1879) the Museum für Gestaltung und Kunst Zürich presented an exhibition on the work of this famous architect.

The major attraction of the show was, in addition to the wooden models made especially for it, the full-size replica of his famous *Waschschiff* (laundry ship). Semper designed this floating washhouse in 1862 for the Zurich laundry owner Johannes Treichler. Semper's design proposed decorating the walls with paintings in the Pompeian style. The ship was built in a slightly different form and was stationed for ten years on the River Limmat.

The ship in the exhibition hall divided the space into five areas. The sections "Dresden" and "Zurich" were placed on the long sides; at one short end the section "Exile" (Paris and London); at the other "Vienna". The buildings were related to each other according to type.

1. Busto de Semper.
1. Bust of Semper.
2. Maqueta del barco lavandería, realizada a escala 1:20.
2. Model of the Laundry Ship, scale 1:20.
3. Reconstrucción del barco lavandería para albergar la sección teórica.
3. Reconstruction of the Laundry Ship to house the theory section.
4. Dresde (a), París/ Londres (b), Zúrich (c), Viena (d).
4. Dresden (a), Paris/London (b), Zurich (c), Vienna (d).

5. Banderas estampadas.
5. Printed banners.
6. Seis maquetas de los proyectos urbanos para los foros de Dresde, Zúrich y Viena.
6. Six urban models of the Forums in Dresden, Zurich and Vienna.

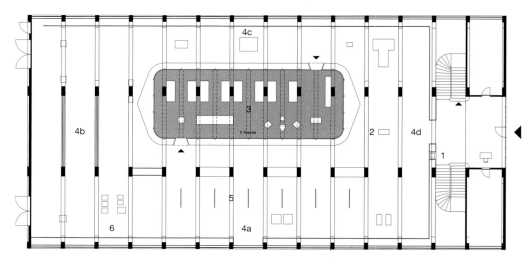

0 1 2   5   10m

The area devoted to theory was in the interior of the ship. An element shifted slightly out of the central axis of the hall regulated the flow of visitors and led through the exhibition.

In view of Semper's importance in the 19 th-century polychromy debate the central element of the exhibition is devoted to the use of colour. With its knowledge of the colours that could be produced at that time the kt. Color Company (which manufactured the colours of Le Corbusier's Salubra series) worked out the pigments with the help of existing drawings. The palette of colours used in the ship is classic: they are pure pigments, that is to say there are no mixtures, but some colours are light-ened by the addition of white. As protection against the weather and to help the paint adhere to the metal an oil-based paint (namely with oil as a binding agent) was used.

The colours of the ship were also used for the design of the exhibition.

Emplazamiento Location **Museum für Gestaltung und Kunst, Zúrich/Zurich, Suiza/*Switzerland*** | Arquitectos Architects **Burkhalter Sumi architekten** | Colaboradores Collaborators **Rahel Lämmler, Pascal Mischler** | Final de las obras Completion date **2003** | Comisario Curator **gta-ETH Zürich, Prof. Werner Oechslin, Dr. Sonja Hildebrand** | Consultores Consultants **Trix Wetter (escenografía/*mise-en-scène*)** | Cliente Client **Hochschule für Gestaltung und Kunst, Zúrich/Zurich** | Fotografías Photography **Heinrich Helfenstein**

Semper Waschschiff Zierocker
LC 32.123 Mate Le Corbusier
⟩ Terre de Sienne pâle

Semper Waschschiff Ocker
LC 32.061 Ocre jaune Limone
⟩ Natürlicher Ocker

Semper Waschschiff Blau 2
LC 32.031 Mate Le Corbusier
⟩ Bleu Ceruleum Pigment

Semper Waschschiff Grün
LC 32.044 Mate Vert Moyen
⟩ Kobaltgrün Pigment

Semper Waschschiff Rot
Englischrot
⟩ Hämatit Pigment

Semper Waschschiff Anthrazit
LC 20-30.7 Mate Le Corbusier
⟩ Gris fer

Los colores.
Pigmentos minerales naturales procedentes de la descomposición de rocas ferruginosas. Se trata de los pigmentos conocidos más antiguos, que ya fueron utilizados en las pinturas rupestres:
· ocre natural sin cocer;
· ocre rojo natural cocido, pigmento de hematites (rojo inglés);
· ocre rojo natural matizado (*Terre de Sienne* pálido);
· negro, pizarra blanda con un alto contenido en carbono (*gris fer*).

Pigmentos minerales artificiales. Se han fabricado desde 1872 (Rinmann) mediante el recocido de sulfatos de cobalto. El azul (lazurita) se fabricaba con pigmento de cobre y resultaba inestable y muy caro. Para el verde se utilizaba verde veronés o malaquita, que en ambos casos resultan también muy caros.
Pigmento *bleu Ceruleum*.
Pigmento verde cobalto.

The colours.
Natural mineral pigments produced by the weathering of iron ore stone. These are the oldest known pigments and were used for cave painting:
· natural ochre, unfired;
· natural red ochre, fired, haematite pigment (English red);
· natural red ochre, lightened (*Terre de Sienne pâle*);
· Black soft slate stone with high carbon content (*gris fer*).

Artificially produced mineral pigments. These have been produced since 1780 (Rinmann) by firing cobalt sulphate. The blue colour (lazurite) was previously produced with copper pigment and was unreliable in terms of consistency and very expensive. For green either Veronese green or malachite were used, both also very expensive. *Bleu Ceruleum* pigment. Cobalt green pigment.

Exposiciones
Exposición *Gottfried
Semper 1803-1879,*
Zúrich

Exhibitions
*Gottfried Semper
1803-1879* exhibition,
Zurich

125

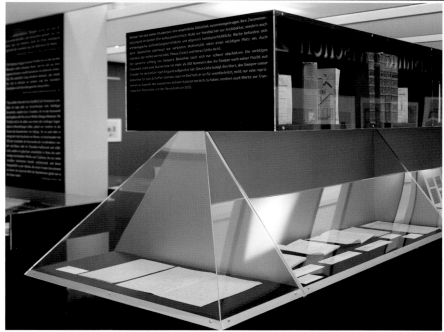

Biografía
Biography

Burkhalter Sumi

Marianne Burkhalter
Creció en Thalwil, cantón de Zúrich.
Formación como delineante en el estudio
Hubacher e Issler, Zúrich.
1973-1975 Oyente especial en Princeton
University, EE UU.
A partir de 1970 trabaja en distintos estudios
de arquitectura y también de forma indepen-
diente, tanto en Suiza como en otros países:
1969-1972 Superstudio, Florencia; 1970-1976
Studio Works, Nueva York; 1977-1978 Studio
Works, Los Ángeles.
1981-1983 Asistente del profesor Klaus Vogt,
ETH Zúrich.
A partir de 1984 comparte estudio con
Christian Sumi en Zúrich.
1985 Asistente del profesor Mario Campi, ETH,
Zúrich.
1987 Profesora invitada en el SCI-ARC, Los
Ángeles, EE UU.
A partir de 1997 es miembro de la Comisión
Cityscape de Zúrich.
1999 Profesora invitada en la EPF de Lausana.

Marianne Burkhalter
Raised in Thalwil, Canton Zurich.
Trained as technical draughtswoman in the
office of Hubacher and Issler, Zurich.
1973-1975 Special auditor, Princeton
University, USA.
As of 1970 professional architectural activity
in various offices and independently, spending
extensive periods outside Switzerland:
1969-1972 Superstudio, Florence;
1970-1976 Studio Works, New York;
1977-1978 Studio Works, Los Angeles.
1981-1983 professional assistant, Prof. Klaus
Vogt, ETH Zurich.
As of 1984 joint practice with Christian Sumi
in Zurich.
1985 professional assistant, Prof. Mario
Campi, ETH Zurich.
1987 guest professor, SCI-ARC, Los Angeles,
USA.
As of 1997 member of the Commission on the
Cityscape, Zurich.
1999 guest professor, EPF Lausanne.

Christian Sumi
1950 Nace en Biel.
Estudia arquitectura en la ETH de Zúrich.
1977 Licenciatura con el profesor Dolf
Schnebli.
1978-1981 Trabaja en el Instituto Arqueológico
Alemán (DAI) en Roma con el Dr. D. Mertens.
1980-1983 Beca de investigación en el Institut
gta (Instituto de Historia y Teoría de la
Arquitectura), ETH Zúrich; investigación sobre
Le Corbusier y el Immeuble Clarté en Ginebra:
*Immeuble Clarté Genf 1932 von Le Corbusier
& Pierre Jeanneret*, Zúrich, 1989.
A partir de 1984 comparte estudio con
Marianne Burkhalter en Zúrich.
Asistente del profesor Bruno Reichlin, Escuela
de Arquitectura, Universidad de Ginebra.
1989-1991 Asesor de licenciatura, profesor
Mario Campi, ETH Zúrich.
1990-1991 Profesor invitado, Escuela de
Arquitectura, Universidad de Ginebra.
1994 Profesor invitado, Universidad de
Harvard, Cambridge, EE UU.
1999 Profesor invitado, EPF Lausana.
A partir de 2002 es miembro de la comisión
sobre el Cityscape, Winterthur.
A partir de 2003 es profesor invitado de la
Universidad de Strathclyde, Glasgow.

Christian Sumi
1950 born in Biel.
Studied architecture at the ETH Zurich.
1977 diploma with Prof. Dolf Schnebli.
1978-1981 worked at the German
Archaeological Institute in Rome (DAI) with Dr.
D. Mertens.
1980-1983 research fellowship at the Institut
gta (Institute for History and Theory of
Architecture), ETH Zurich; research on Le
Corbusier at the Immeuble Clarté in Geneva:
*Immeuble Clarté Genf 1932 von Le Corbusier
& Pierre Jeanneret*, Zurich, 1989.
As of 1984 joint practice with Marianne
Burkhalter in Zurich.
1985-1987 professional assistant, Prof. Bruno
Reichlin, School of Architecture, University of
Geneva.
1989-1991 diploma advisor, Prof. Mario
Campi, ETH Zurich.
1990-1991 guest professor, School of
Architecture, University of Geneva.
1994 guest professor, Harvard University,
Cambridge, USA.
1999 guest professor, EPF Lausanne.
As of 2002 member of the Commission on the
Cityscape, Winterthur.
As of 2003 visiting professor University of
Strathclyde, Glasgow.

Yves Schihin, arquitecto asociado
1970 Nace en Berna.
1986 Vorkurs Schule für Gestaltung, Berna.
1987-1991 Formación como delineante profesional en el Atelier 5, Berna.
1991-1994 Formación general para el acceso
a la universidad.
1994-2000 Estudia en la EPFL, Lausana.
1997 Intercambio académico con la Escuela
Técnica Superior de Arquitectura de Barcelona
(ETSAB).
1997 Colaboración con Ruisánchez-Vendrell
arquitectos, Barcelona.
2000 Licenciatura en la EPFL, J. Lucan,
P. Berger, B. Huet.
A partir de 2000 colabora como arquitecto en
el estudio de arquitectura Burkhalter Sumi, del
que es arquitecto asociado desde 2004.

Yves Schihin, associate architect
1970 born in Bern.
1986 preliminary course at the Schule für
Gestaltung, Bern.
1987-1991 trained as a technical draughtsman
at Atelier 5, Bern.
1991-1994 general qualification for university
entrance.
1994-2000 studied at the EPFL, Lausanne.
1997 student exchange with the Escuela
Técnica Superior de Arquitectura de Barcelona
(ETSAB), Barcelona.
1997 worked with Ruisánchez-Vendrell arquitectos, Barcelona.
2000 Diploma EPFL, J. Lucan, P. Berger,
B. Huet.
As of 2000 worked as an architect with
burkhalter sumi architects.
As of 2004 associate of burkhalter sumi architects.

Marianne Burkhalter y
Christian Sumi

**Sobre el espacio público.
Tres ejemplos históricos:**

Gottfried Semper.
Tres proyectos para Dresde,
1836-1878.

Geoffrey Copcutt.
El centro de la *new town*
Cumbernauld, 1958-1968.

Mies van der Rohe.
Tres proyectos de plaza,
1964-1969.

**On Public Space.
Three Historic Examples:**

Gottfried Semper.
Three Projects for Dresden,
1836-1878.

Geoffrey Copcutt.
The Town Centre of Cumbernauld
New Town, 1958-1968.

Mies van der Rohe.
Three Plaza Projects, 1964-1969.

nexus

Sobre el espacio público.
Tres ejemplos históricos:

Gottfried Semper.
Tres proyectos para Dresde, 1836-1878.
Geoffrey Copcutt.
El centro de la *new town*
Cumbernauld, 1958-1968.
Mies van der Rohe.
Tres proyectos de plaza, 1964-1969.

On Public Space.
Three Historic
Examples:

Gottfried Semper.
Three Projects for Dresden, 1836-1878.
Geoffrey Copcutt.
The Town Centre of Cumbernauld
New Town, 1958-1968.
Mies van der Rohe.
Three Plaza Projects, 1964-1969.

Estos tres ensayos, escritos a lo largo de los últimos años para distintas ocasiones, son observaciones concisas sobre distintos conceptos de espacio urbano. El tema central es la relación entre espacio y ámbito público y, por lo tanto, abordan la delicada cuestión de hasta qué punto el espacio urbano no sólo es susceptible de aceptar usos de carácter público, sino también de representarlos. Se trata de un tema que está estrechamente relacionado con el presente, a la vista del creciente número de ideas sobre lo que "lo público" significará en el futuro y el enorme "acoso" que sufre lo real por parte del espacio virtual.

En primer lugar, la comparación de los proyectos de Gottfried Semper para Dresde revela que este arquitecto mueve cada uno de los edificios y monumentos como si fuesen figuras de ajedrez sobre un tablero, para, de este modo, probar nuevas disposiciones espaciales. También cuestiona cuidadosamente la relación entre el peso arqui-

These three essays, which were written in recent years for different occasions, are concise observations on various concepts of urban space. The issue is the relationship between space and the public realm and therefore involves the difficult question of the extent to which urban space can not only absorb public uses but also represent them. In view of the continuously increasing number of ideas about what "public" will mean in the future and the enormous "difficulties" imposed on real space by virtual space, when applied to the present-day situation this is a highly topical theme.

To begin with, the comparison of Gottfried Semper's projects for Dresden reveals that Semper moves the individual buildings and monuments around like figures on a chessboard and in this way tests new spatial arrangements. He carefully questions the relationship between the architectural and institutional weight of the building commission, and between the directly experi-

tectónico e institucional del encargo, y entre la experiencia espacial y la representación arquitectónica, aludiendo a la disposición abierta de los foros romanos, como,
por ejemplo, el de Pompeya.

En segundo lugar, presentamos el caso de Cumbernauld. Partiendo del concepto
"ingeniería social", los políticos, economistas, sociólogos, ingenieros, urbanistas y
arquitectos planificaron el centro urbano de Cumbernauld, una de las *new towns* bri-
tánicas más importantes de la década de 1960. Además de la fascinación por el tráfico como parámetro generador del proyecto (la segregación y el análisis de los distintos flujos de tráfico, etc.), el concepto de la ciudad con un crecimiento vertical es
particularmente interesante. "Elevar" el suelo urbano e intentar organizar también
verticalmente el espacio público, es decir, "apilar" en cierta medida el ámbito público, se revelan como conceptos fascinantes, aunque también problemáticos en lo que
se refiere a la "creación de un ámbito público".

Por último, Mies van der Rohe "destierra" bajo suelo espacios de uso cotidiano,
como aparcamientos, centros comerciales, etc., y de este modo libera el suelo urbano como un espacio contemplativo "purificado". En sus plazas creadas de una manera artificial, los pabellones y edificios forman constelaciones que definen espacios
urbanos de una elegancia representativa y serena. Objeto y contexto establecen una
relación compleja, quizá no muy distinta a la del primer proyecto de Gottfried
Semper para el foro de Dresde.

enced spatial experience and architectural representation. In doing this he refers to
the loose organisation of Roman forums, such as that in Pompeii.

Secondly, we present the case of Cumbernauld. Under the term "social engineering"
politicians, economists, sociologists, engineers, planners and architects planned the
town centre of Cumbernauld, one of the most important British New Towns of the
1960s. In addition to the fascination of traffic as a generating parameter of design
(separating and evaluating the various streams of traffic, etc.), the concept of the
vertically growing city is particularly interesting. "Lifting" the urban ground and
attempting to organise public space vertically, that is, in a certain sense to "stack" the
public realm, are revealed as highly interesting concepts but are also shown to be
problematic in terms of "developing a public quality".

Lastly, Mies van der Rohe "banishes" space for everyday use such as parking areas,
shopping centres and so on below ground, thus freeing up urban land and turning
it into a "cleansed", contemplative space. On his artificially created plazas the pavil-
ions and blocks form a constellation that defines an urban space with a representative elegance and a highly relaxed feeling. Object and context are engaged in a complex relationship with each other, perhaps not entirely unlike Gottfried Semper's
first forum project for Dresden.

1836

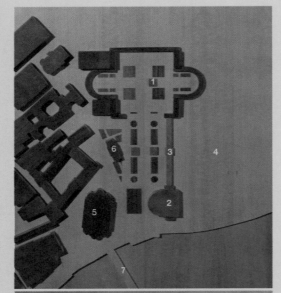

1842

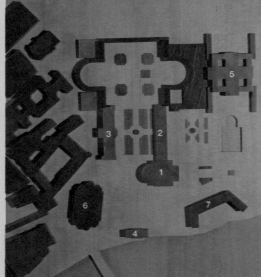

1851-1878

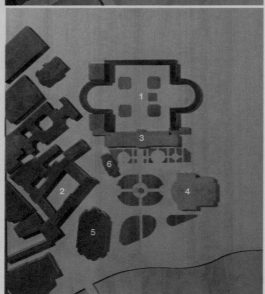

Gottfried Semper.
Tres proyectos para Dresde, 1836-1878

COMBINACIONES GEOMÉTRICAS Y METÁFORAS ORGÁNICAS (1836)

El punto de partida para los proyectos de Dresde es el denominado Zwinger, construido entre 1710 y 1728 por Matthäus Daniel Pöppelmann como un espacio para albergar distintos actos de la corte. Este edificio formaba parte de un proyecto de ampliación del Schloss (palacio), que no fue llevado a cabo. La palabra "Zwinger" hace referencia a la zona situada entre el muro interior y exterior de una fortificación circular.

Cuando se le encargó a Semper la redacción de un informe acerca de la ubicación de un monumento en la plaza del Zwinger (1), éste aprovechó la oportunidad para reestructurar toda la zona situada entre el Zwinger y el río Elba, uniendo los edificios barrocos con un nuevo teatro.

En su primer proyecto, Semper ubica la ópera (2) en paralelo al río, a la altura de la Hofkirche; es decir, muy apartada del Zwinger. Un invernadero que se extiende longitudinalmente entre la ópera y el Zwinger separa los espacios de la plaza y del jardín inglés (4) (que había sido creado poco antes en los terrenos de la antigua ciudadela), al mismo tiempo que media entre ambas zonas a través de una puerta que posibilita la permeabilidad.

En cierta medida, la ópera reacciona frente a la forma cóncava del Zwinger introduciéndose en el espacio del foro y creando su propio eje. Así, el eje longitudinal del foro se convierte en un eje transversal: el teatro y el Zwinger se comportan del mismo modo que una moto y un sidecar. La Hofkirche (5) y el puesto de guardia (6), que debido a su ubicación "oblicua" constituyen una representación de la ciudad

Gottfried Semper.
Three Projects for Dresden, 1836-1878

GEOMETRICAL COMBINATIONS AND ORGANIC METAPHORS (1836)

The starting point for the Dresden projects is the so-called Zwinge, built between 1710 and 1728 by Matthäus Daniel Pöppelmann as a venue for court festivities. It was built as part of the planned expansion of the Schloss (palace) that was never carried out. The name "Zwinger" refers to the area between the outer and inner walls of a ring of fortifications.

When Semper was asked to prepare a report on the placing of a monument in the Zwinger courtyard (1) he used the opportunity to redesign the entire area between Zwinger and the River Elbe by linking the Baroque complex with a new theatre project.

In his first project Semper situated the Opera House (2) parallel to the river at the level of the Hofkirche, which is far removed from the Zwinger. An elongated orangery (3), stretching between the Opera House and the Zwinger, separates an area of open space from the English landscaped garden (4) (which had been laid out a short time before on the site of the former fortifications) and at the same time mediates between the areas through a gateway.

Functioning in a sense as a counter-movement to the hollow form of the Zwinger, the Opera House projects deep into the space of the forum and builds up its own axis. The long axis of the forum thus becomes the cross axis: the relationship between the theatre and the Zwinger is like that between a motorbike and a sidecar.

The Hofkirche (5) and the Wache (6) (guardhouse), which with their "angled" position represent the historically developed city, break the homogeneity of the space formed by the Orangery and the Opera House. At the same time they form a point of articulation

Bibliografía
· Hauser, Andreas, "Semper und der Städtebau. Der Traum von neuzeitlichen Foren", en Nerdinger, Winfried; Oechslin, Werner, (eds.), *Gottfried Semper (1803-1879). Architektur und Wissenschaft*, gta Verlag/Prestel Verlag, Zúrich/Munich, 2003.
· Sumi, Christian, "Öffentlichkeit im Raum, Gottfried Semper- 3 Forumsprojekte", en *Werk, Bauen und Wohnen*, 10/2003, págs. 33-39.

existente, rompen la homogeneidad del espacio configurado por la ópera y el invernadero; al mismo tiempo, constituyen un punto de articulación entre el foro y la ciudad. Gracias a la superposición de elementos simétricos y asimétricos, y de combinaciones geométricas y metáforas orgánicas, Semper consigue un equilibrio urbano distendido y relajado. Semper trabajó a partir de un flujo peatonal sinuoso que comenzaba en el puente sobre el Elba (7). Esto se aprecia sobre todo en la fachada curva del edificio de la ópera: sólo al caminar a su alrededor es posible asimilarlo por completo y situarlo en su contexto.

SIMETRÍA Y CONJUNTO MONUMENTAL (1842)

En 1842 Semper realiza el proyecto de la ópera, aunque en una ubicación más alejada del río (1). Dado que el invernadero se había construido en otro lugar, Semper propone ahora un almacén para la ópera, con una columnata porticada en la fachada (2) que actúe como nexo con el Zwinger. Enfrente ubica una galería de pintura con una crujía central abovedada (3). El existente puesto de guardia de Schinkel (4) se traslada a la orilla del río y funciona como final del eje del foro.

También se creó una segunda plaza más o menos cuadrada delante de las edificaciones barrocas de Pöppelmann. Aunque el edificio de la ópera sigue introduciéndose en el espacio, se refuerza el aspecto simétrico y regular del conjunto, que recuerda al posterior conjunto monumental del Kaiserforum en Viena.

En comparación con el primer proyecto, la relación entre lo palaciego y lo burgués, entre lo cerrado y lo público, es distinta. El acceso abierto y fluido a la ciudad que caracteriza al primer proyecto, se ve obstruido en cierta forma por la galería de pintura. Partiendo de la galería (3) y a través del almacén de la ópera, el arquitecto crea una nueva secuencia para el foro, que tiene un museo de estilo palladiano como edificio principal en un lado (5) y, enfrente, una refinería de azúcar (7).

ABRIR Y CERRAR (1851-1878)

Entre 1847 y 1851 Semper construyó una galería de pintura (la Gemäldegalerie) (3) en el Zwinger, hecho que generó una situación espacial completamente nueva. La relación visual inicial con el Elba se vio interrumpida, el patio del Zwinger se convirtió en el patio del museo, que, según el concepto de Semper, es una zona exterior de la galería. Al contrario de lo que sucedía en el caso de la ópera de 1842, la ópera de 1878 (4) se retrasa respecto de la plaza situada delante del museo. El eje principal se traza entre la Hofkirche (1738) de Gaetano Chiaveri (5) y el puesto de guardia de Schinkel (6), focalizado hacia el palacio (2). De esta forma, la ópera y la galería de pintura consiguen el espacio necesario para una puesta en escena monumental: la galería orientada hacia el Elba posee un "patio de honor" delimitado a un lado por la ópera y, en el lado de la ciudad, por el complejo de edificios del palacio (palacio, Hofkirche y puesto de guardia).

Bibliography
· Hauser, Andreas, "Semper und der Städtebau – Der Traum von neuzeitlichen Foren", in Nerdinger, Winfried; Oechslin, Werner, (eds.), *Gottfried Semper (1803-1879). Architektur und Wissenschaft*, gta Verlag/Prestel Verlag, Zurich/Munich, 2003.
· Sumi, Christian, "Öffentlichkeit im Raum, Gottfried Semper-3 Forumsprojekte", in *Werk, Bauen und Wohnen*, 10/2003, pp. 33-39.

between the forum and the city. By overlaying symmetrical and asymmetrical devices, and geometric combinations with organic metaphors, Semper achieves a loosely relaxed urban balance.

Semper reckons with a meandering flow of pedestrian movement starting from the Elbe Bridge (7). This is made clear above all by the Opera House with its curved facade: only by actively pacing around the building can you fully take it in and place it in its context.

SYMMETRY AND A MONUMENTAL COMPLEX (1842)

In 1842 Semper creates the design for the Opera House, albeit in a location further away from the river. (1) As the Orangery had been positioned elsewhere he proposes a stage set depot with a colonnaded loggia (2) in front as a connection to the Zwinger. Opposite, he places a Gemäldegalerie (picture gallery) with a central domed section (3). Schinkel's Wache, (4) which stood on this site, is moved to the bank of the river and thus functions as the termination of the forum axis.

A second, almost square, open space is placed in front of Pöppelmann's Baroque complex. Although the Opera House still projects deep into the space, the symmetrical and regular aspect of the complex is strengthened. One is reminded of the later, monumental Kaiserforum complex in Vienna.

In comparison with the first project the relationship between courtly and bourgeois, between closed and open is different. The relaxed open transition to the city of the first project is, so to speak, barricaded by the art museum.

The architect creates a new forum sequence from the Gallery (3) through the stage set depot (2), which has a second Palladian museum (5) as a side main building, with a sugar refinery (7) as its pendant opposite.

CLOSING AND OPENING (1851-1878)

Between 1847 and 1851 Semper built a Gemäldegalerie (3) onto the Zwinger, thus creating an entirely new spatial situation. The original visual reference to the River Elbe is dropped; the Zwinger courtyard becomes the museum courtyard, in Semper's concept a kind of outdoor space of the gallery. In contrast to the Opera House building from 1842 the Opera House (4), designed in 1878, is moved far back from the space in front of the museum. The main axis between Gaetano Chiaveri's Hofkirche, (5) built in 1738, and Schinkel's Wache (6) focuses on the palace (2).

As a result the Opera House and the Picture Gallery receive the room they require to make a major appearance: the gallery, which is oriented towards the Elbe, has a *cour d'honneur*, defined at the side by the Opera House and on the city side by the court buildings (Palace, Hofkirche and Wache).

Geoffrey Copcutt. El centro de la *new town* Cumbernauld, 1958-1969

Los trabajos de planificación para Cumbernauld, encabezados por Sir Hugh Wilson, comienzan en 1956; las obras lo hacen en 1958. Diez años después se finaliza la primera etapa de construcción del centro. Geoffrey Copcutt, junto al teórico Lewis Mumford, el arquitecto y urbanista Gordon Stephenson, Arthur G. Lingy (el arquitecto municipal de Coventry) y el sociólogo Paul Ritter, forma parte del grupo de urbanistas que, a partir de 1945, trabajaban para trasladar a Inglaterra el concepto de las ciudades jardín norteamericanas, como, por ejemplo, Radburn, un desarrollo posterior de las ciudades jardín que planteó Ebenezer Howard. El concepto de ciudad jardín vuelve a Inglaterra desde Estados Unidos, pero esta vez perfeccionado; sobre todo en lo que se refiere a la separación entre el tráfico rodado y el peatonal, como demuestran detalladamente Kermit C. Parsons y David Schuler en su libro *From Garden City to Green City*.
Cumbernauld forma parte de la segunda generación de *new towns*, junto a Runcorn (cuya planificación comenzó en 1964) y Milton Keynes (1970). La primera generación se remonta a una resolución

Bibliografía
· *Architectural Design,* mayo de 1963.
· Parsons, Kermit; Schyler, David, (eds.), *From Garden City to Green City*, Johns Hopkins University Press, Baltimore, 2002.
· Bullivant, Luc, "Von New Town Center zum Betonfossil", en *Glück-Stadt-Raum*, Birkhäuser, Basilea, 2002.

Geoffrey Copcutt. The Town Centre of Cumbernauld New Town, 1958-1968

The planning of Cumbernauld, whose chief planner was Sir Hugh Wilson, began in 1956, construction starting in 1958. After ten years the first building phase of the centre was completed. Geoffrey Copcutt, together with the theorist Lewis Mumford, architect and planner Gordon Stephenson, Arthur G. Ling (Coventry City architect) and sociologist Paul Ritter, belonged to the circle of planners that after 1945 worked in England on the application of American garden cities such as Radburn, which itself was a further development of Ebenezer Howard's garden city. Thus the concept of the garden city came back to England via the USA, albeit in a reworked form, particularly as far as the consistent separation of car and pedestrian traffic was concerned. This fact is clearly demonstrated by Kermit C. Parsons and David Schuyler in their book *From Garden City to Green City*.
Cumbernauld, together with Runcorn (start of planning 1964) and Milton Keynes (1970), belongs to the second generation of the New Towns. The first generation was based on a resolution of the Labour

Bibliography
· *Architectural Design*, May 1963.
· Parsons, Kermit; Schyler, David, (eds.), *From Garden City to Green City*, Johns Hopkins University Press, Baltimore, 2002.
· Bullivant, Luc, "Von New Town Center zum Betonfossil", in *Glück-Stadt-Raum*, Birkhäuser, Basel, 2002.

del partido laborista de 1964 que promueve la realización de los proyectos de 14 *new towns*, entre otras Kilbride (1947), que, junto a Cumbernauld, es la segunda *new town* de Escocia.

Las fotografías documentan la "reconstrucción latente" del centro de Cumbernauld. El centro, un representante notable del brutalismo británico, seduce gracias a su carácter visionario, a su robustez y a su aspereza. Está colocado en el paisaje como un bloque errático a la espera de las cosas que van a suceder en él.

Party in 1946 that initiated the planning of fourteen new towns, including Kilbride (1947), with Cumbernauld the second New Town in Scotland.

The photographs that follow document the "gradual conversion" of the centre of Cumbernauld. The centre, which is an important example of British Brutalism, is striking on account of its visionary character, its robust nature and its abruptness. It lies like a random block in the landscape, waiting for whatever is going to happen.

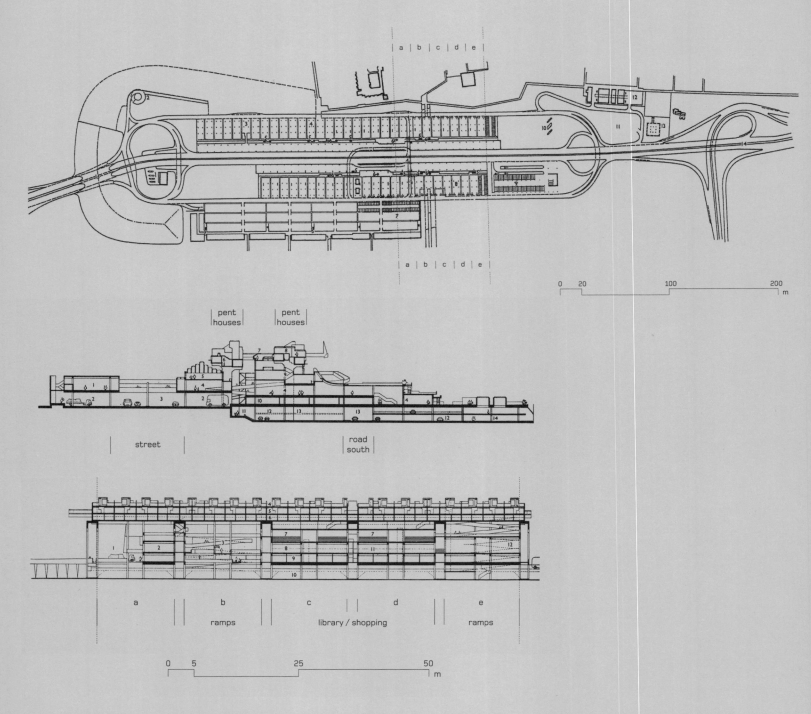

| a | b | c | d | e |

0   20   100   200
m

pent houses   pent houses

street   road south

a   b   c   d   e

ramps   library / shopping   ramps

0   5   25   50
m

Plan de infraestructuras viarias. La circulación en forma de anillo rodeando el conjunto, siguiendo una orientación este-oeste, es su principal característica.

Sección transversal. En el lado norte se encuentra el eje de acceso principal, con las zonas de carga y descarga para los establecimientos en las plantas superiores. En el lado sur, soterradas, dos plantas de aparcamientos; encima se sitúa la planta de los almacenes del centro comercial

y las cafeterías, que funciona como planta de distribución. Siguiendo hacia el sur, este nivel se convierte en el centro urbano escalonado. Por encima del centro comercial, y bajo la hilera residencial de áticos orientada al sur, se encuentra la biblioteca; frente a ella se extiende el paisaje escalonado de las cubiertas del centro urbano.

Sección longitudinal. La sección longitudinal de los áticos establece el ritmo del conjunto urbano y defi-

ne cinco zonas entre las que están ubicados los núcleos de comunicación vertical. En las zonas c y d se sitúan el centro comercial, la biblioteca, el centro urbano y, a cada lado, un sistema de rampas generosamente dimensionado. En el plan de infraestructuras viarias se indican estas cinco zonas o secciones.

Plan of road infrastructures: a band-like, east-west oriented layout with ring-type circulation surrounding the complex is the main characteristic.

Cross-section: the main circulation axis is on the north side and functions as the delivery route for the shops above. On the south side are the sunken, two-storey car parking buildings; above, as a distributor level, are the storerooms of the shopping centre and cafes. Further

towards the south this level "mutates" into the stepped town centre. Above the shopping centre, inserted beneath the southern penthouse row, lies the library, with the stepped roofscape of the town centre in front of it.

Longitudinal section: the penthouses form an urban silhouette in the long section that sets the rhythm for the complex: five bays with circulation zones lying between them. Bays c and d contain the shopping

centre, the library, the town centre and, on either side, a generously dimensioned ramp system. The five bays or sections are inscribed in the road infrastructures plan.

© Christian Sumi

CRECIMIENTO Y FRAGMENTO

En los pilares apantallados se perciben con claridad los dispositivos constructivos (ménsulas y engarces) previstos para la ampliación del centro urbano, puesto que el edificio fue proyectado como una estructura ampliable. En este sentido, el pretendido final del edificio tiene un "carácter provisional". Bajo la hilera residencial elevada de áticos se han instalado edificios temporales, como ocurre en un barrio de chabolas. Es difícil diferenciar qué partes pertenecen al proyecto original y qué partes son parásitos "enchufados" al centro aprovechándose de su coyuntura.

Al contrario de lo que sucede en una ciudad medieval o en una ciudad del siglo XIX, que debido a la sencillez de su estructura base (parcelas longitudinales y muros cortafuegos o patio y bloque perimetral) se amplía repetidamente aumentando su densidad, la ampliación y el aumento de la densidad del centro urbano de Cumbernauld se produce fuera de la estructura longitudinal prevista inicialmente. Quizás el sistema propuesto en su momento definía excesivos parámetros y fuese demasiado restrictivo (no es posible crecer ni en altura ni en profundidad y, además, la sección longitudinal está absolutamente predeterminada) o, quizá, sencillamente, se ha menospreciado la potencia del crecimiento urbano. La estructura, proyectada originalmente para permitir su ampliación, se ha convertido en un fragmento que posee una fuerza plástica avasalladora.

GROWTH AND FRAGMENT

The construction measures (brackets and bearings) for the extension of the town centre are clearly recognisable in the slab-shaped piers, since the building was planned as an extendable structure. In this sense the supposed head of the building has a "provisional character". As in a shantytown, temporary buildings have established themselves under the elevated residential wing. It is difficult to distinguish what forms part of original project from those parasitic elements that have established themselves in the "wind shadow" of the centre as a kind of "plug-in".

In contrast to the medieval town or the 19th-century city that, thanks to its simple basic structure—long sites and fire walls, courtyard and block perimeter—repeatedly expands and increases in density, the increase in density and the growth of the town centre of Cumbernauld takes place outside the predetermined band structure. Perhaps the measures proposed are overdetermined and too restrictive (expansion upwards and in the depth of the sites is not possible, the cross-section is preordained), or perhaps the rampant power of urban mechanisms was underestimated. The structure, originally designed to allow for expansion, becomes a fragment with an overwhelming sculptural power.

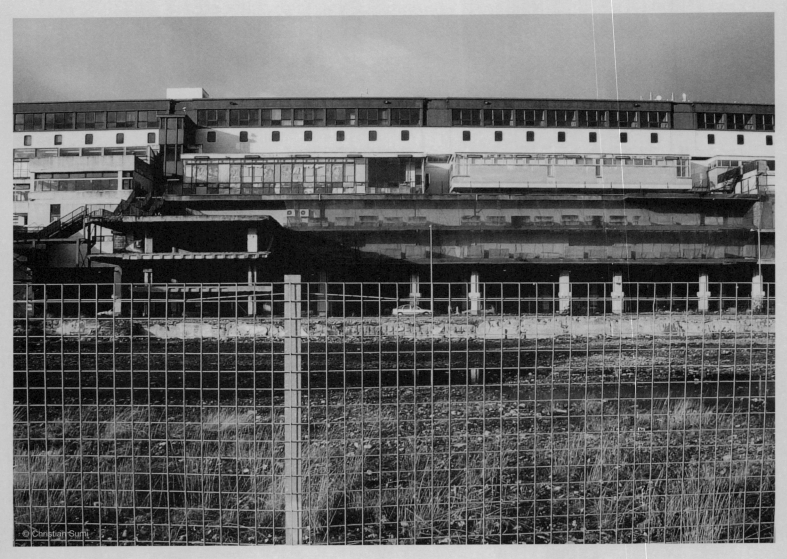

© Christian Sumi

EL APILAMIENTO Y LO PÚBLICO

A través de la valla se perciben las cicatrices del derribo parcial del centro urbano que se produjo en el año 2000. "Ahí arriba es como estar en Beirut", declaró un residente de Cumbernauld. Bajo los áticos se encuentran los restos de la biblioteca. Los robustos pilares al descubierto y los forjados de hormigón con poliestireno expandido incorporado, para rebajar el peso propio de la estructura, son una referencia al "prefabricado masivo" con el que se proyectó el edificio. Los pilares siguen el ritmo de los áticos y permiten una vista sin obstáculos del aparcamiento que se encuentra debajo.

El edificio parece el casco de un barco en un dique seco esperando a ser reparado en el astillero, y posee una belleza plástica intensa. El centro comercial, las cafeterías y la biblioteca se apilan en el casco del barco. Sólo se construyó una parte de la maravillosa estructura de rampas, lo que significa que el centro carece de interconexiones verticales, de vistas cruzadas y de perspectivas sobre las distintas posibilidades espaciales. El problema es que estas condiciones son indispensables para crear un lugar público de calidad, o para construir espacios que representen y también interpreten lo público.

LAYERING AND THE PUBLIC REALM

Through the building-site fence you can see the scars of the town centre demolished in 2000. "Up there it's like in Beirut," says a resident of Cumbernauld. Below the penthouses are the remnants of the library. The powerful exposed piers and the loose concrete panels with insertions of styropor to reduce their weight are an indication of the "heavy prefabrication" with which the building was designed. The piers take up the rhythm of the penthouses and permit a view into the parking area behind.

The building seems like the rump of a ship standing in a dry-dock, awaiting repair, and has a mighty sculptural beauty. Shopping centre, cafes and library are stacked in the belly of the ship. Only a part of the beautiful ramp system was built, which means that the centre lacks vertical connections, cross views, and an overview of the different spatial possibilities. The problem is that these are the very preconditions necessary to create a public quality or to construct spaces that absorb and also represent this quality.

© Christian Sumi

SUELO URBANO Y "ALFOMBRA VOLADORA"

La pasarela pasa por delante de la parte del edificio demolida, por encima de la avenida sur de circunvalación y llega hasta el cinturón verde. El muro, que incorpora una pequeña marquesina, protege frente al fuerte viento del oeste. Los equipamientos de uso público, como la biblioteca y las salas de reunión para asociaciones, se encuentran ubicadas en la planta elevada de circulación, orientadas al sur. Los elegantes áticos (que ahora tienen un uso distinto), conforman una silueta urbana impactante que "sobrevuela" el conjunto. Han perdido definitivamente el contacto con el suelo.

En cierta medida, a la ciudad se le ha retirado el suelo "bajo los pies", sustituyéndolo por un paisaje artificial elevado que se sitúa sobre el conjunto como una alfombra voladora, convirtiéndose, de ese modo, en un nuevo orden de referencia. No es casual que las rampas, plataformas y pasarelas del suelo urbano elevado hayan servido como localización para un *thriller* televisivo de Murray Grigor, donde la estrella Fanella Fieldung hace el papel de prisionera en el laberinto de Cumbernauld.

URBAN GROUND AND "FLYING CARPET"

The *passerelle* leads past the demolished town centre over the southern ring road into the green belt. The wall with a small canopy roof offers protection against the strong west wind. On the elevated circulation level and oriented towards the south lie the public and civic functions such as the library and club spaces. The elegant penthouses (today used for a different function) form a striking urban silhouette that "overflies" the entire complex. They have finally lost any contact with the ground.

In a certain sense the ground has been taken from "under the feet" of this town and replaced by an elevated artificial landscape that is placed over the complex as a new reference level, like a flying carpet. It is no surprise that all the ramps, decks and *passerelles* of the elevated urban ground served as a background for a TV thriller by Murray Gregor with the diva Fenella Fielding playing a prisoner in the labyrinth of Cumbernauld.

© Christian Sumi

CENTRO Y MÁQUINA

En el bloque de viviendas elevado se puede apreciar la división en cinco partes del conjunto, como si tratase de los cinco vagones de un tren. Junto al montón de tierra situado en primer término —que quizá proceda del derribo del edificio del ayuntamiento— la fotografía recuerda de forma inesperada a una cantera de producción de áridos. El bloque de viviendas se convierte en una cinta transportadora; los espacios situados bajo él, en silos, como un emblema de la producción industrial taylorista.

El arquitecto Geoffrey Copcutt era ya consciente de que se trataba de una empresa arriesgada, que se debatía entre el noble objetivo de crear un espacio público y el riesgo latente de la deriva de esos espacios en un mundo absolutamente comercial, cuando, durante el desarrollo de la obra, escribió: "En un futuro remoto, si las funciones públicas de la zona central decayesen, el centro se convertiría en una máquina expendedora gigante, por la que el usuario motorizado pasaría con su coche para regresar con avituallamientos o, en un futuro aún más lejano, podría destinarse a la producción industrial".

Los aeropuertos modernos, en los que las instituciones y los equipamientos de carácter público han sido "prohibidos" en favor de un comercio sin limitaciones, se corresponden ampliamente con la observación anterior, y han alcanzado un gran éxito. Al separar los distintos flujos de circulaciones para unirlos de nuevo de un modo distinto y optimizado, surge un colosal mundo de experiencias en constante cambio. La meta no es "quedarse" en el espacio público, sino "atravesar" un espacio comercial.

CENTRE AND MACHINE

The five-part articulation of the complex, like the five coaches of a train, is legible in the elevated housing block. Together with the pile of earth in the foreground—which possibly comes from the demolition of the Town Hall—the photograph unexpectedly recalls a gigantic gravel works. The housing block becomes a conveyor system; the spaces below are the silos, an emblem of industrial Taylorist production.

The difficult balancing act between the noble goal of creating public space and the latent danger of such spaces drifting into the world of pure commerce was something architect Geoffrey Copcutt was aware of when building, as he writes: "In the extreme future if public central area functions decline the centre could become a gigantic vending machine through which the motorised user drives to return more revictualled or, more remotely, it could be turned over to industrial production."

Modern airport buildings, in which public institutions and facilities are "banned" in favour of unrestricted commerce, largely reflect the vision referred to above and are very successful buildings. By taking apart streams of traffic and putting them together again in a different optimised way a gigantic, constantly changing world of different experiences is created. The goal is not "lingering" in public space, but "traversing" commercial space.

© Christian Sumi

CONJUNTO HOMOGÉNEO Y DIVERSIDAD HETEROGÉNEA

Son perceptibles las trazas del bloque norte, que fue construido sólo en parte. Una pasarela ubicada en el último nivel de circulación transversal lo conecta con el bloque sur.

El carácter fragmentario resulta cada vez más evidente, aunque el centro se concibiese como un conjunto urbano, una gran casa, una ciudadela moderna (citando a Copcutt): se trataba de un proyecto "de una sola pieza". Esto no permitía ningún margen de flexibilidad entre la forma de la ciudad y la forma de sus edificios. Como consecuencia de las numerosas reformas y ampliaciones, la estructura se sigue transformando y, de un todo homogéneo, pasa a constituir una nueva diversidad heterogénea. Al mismo tiempo, la incipiente vegetación situada en primer término hace pensar en una "reconquista" del centro urbano por parte de la naturaleza.

HOMOGENEOUS WHOLE AND HETEROGENEOUS DIVERSITY

You recognise traces of the northern block that was carried out only in part. A *passerelle* in the last cross-circulation layer connects it with the southern block.

The fragmentary character is increasingly becoming more evident. Although the centre was conceived as an urban ensemble, as a great house, as a modern citadel (to quote Copcutt), the project was "all of a piece." This eliminated any leeway between the city and the form of its buildings. With the many conversions and extensions the structure is increasingly changing from a homogeneous whole into a new, heterogeneous diversity. At the same time the first bits of vegetation in the foreground suggest the impending reconquest of the centre by nature.

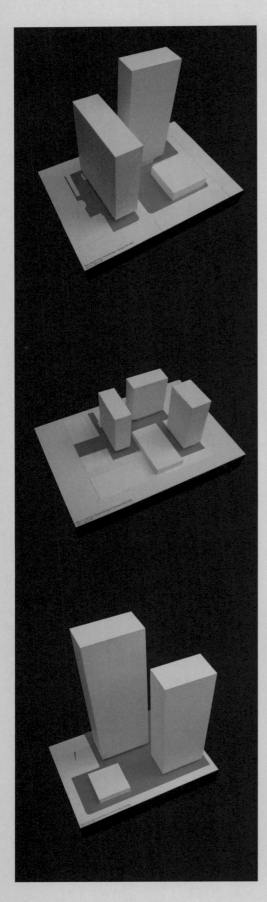

Federal Center, Chicago, 1964. Dos edificios dispuestos en forma de L definen la plaza. El pabellón se encuentra en el otro extremo de la diagonal.
Federal Center, Chicago, 1964: horizontal and upright blocks define an angular-shaped space, the pavilion is diagonally opposite.

Westmount Square, Montreal, 1968. Dos edificios más horizontales y otro edificio algo más alto crean un espacio a modo de patio en el que se encuentra situado el pabellón rectangular.
Westmount Square, Montreal, 1968: two blocks that are more horizontal and a single upright one form a courtyard-like space in which the rectangular pavilion is placed.

Dominion Center, Toronto, 1969. Dos edificios de altura ligeramente distinta componen una forma gemela. El pabellón cuadrado que se encuentra frente al edificio más bajo señala el ángulo exterior de la plaza.
Dominion Center, Toronto, 1969: two slightly overlapping blocks of different heights form a twin figure. The square pavilion that lies in front of one end of the smaller block marks the external corner of the plaza.

Mies van der Rohe.
Tres proyectos de plaza, 1964-1969

A lo largo de los años, Mies van der Rohe utilizó repetidamente en sus proyectos urbanos variaciones de un mismo modelo, compuesto por una plaza (con aparcamiento, centro comercial, estaciones de metro, etc., ubicados bajo ella), un pabellón (de una o dos plantas, a menudo cuadrado) y un edificio alto.

LAS PARTES Y EL TODO
Cada uno de los elementos de estas configuraciones tiene asignado una función clara. La plaza constituye la "placa base" del escenario espacial y escultórico que mantiene unidas las distintas partes. El pabellón genera una zona en primer plano y media entre los edificios. Éstos estructuran el espacio urbano a gran escala y hacen entrar en escena sus siluetas, que son las que generan una mayor cohesión. Si se comparan los edificios de los distintos proyectos, se llega a la conclusión de que Mies van der Rohe utilizó siempre unas proporciones parecidas (fachadas de mayor longitud) y que es posible establecer dos grupos. Los edificios de Montreal y Chicago tienen una proporción de 4:5 que los hace parecer más "horizontales o tendidos", mientras que los edificios de Chicago (el bloque más alto) y Toronto tienen una proporción de 2:5, y parecen "erguidos, dinámicos", dirigidos hacia lo alto.

AUTONOMÍA Y ALARGAMIENTOS
La "oscilación" de los edificios entre "estar tendidos" y "estar erguidos", la interacción entre volúmenes con distinta orientación, conduce hacia una relación "interna" entre los elementos que otorga a la composición un cierto grado de autonomía. Como se puede observar-

Mies van der Rohe.
Three Plaza Projects, 1964-1969

Over the years in his urban projects Mies van der Rohe repeatedly used variations on the same pattern, consisting of a plaza (with car parking, shopping centre, metro stations etc. placed beneath it), a pavilion (one or two storeys high, often square) and high-rise blocks.

THE PARTS AND THE WHOLE
Each of the individual components of this pattern is ascribed a clear function. The plaza is the "floor slab" of the spatial and sculptural scenario that holds the various parts together. The pavilion generates the close-up area and mediates between the blocks. The blocks themselves structure the urban space at a major scale and present the silhouette. They create the primary coherence.
On comparing the blocks in the various projects with each other one notes that Mies van der Rohe repeatedly used similar proportions (long sides) and that there are two main groups. The blocks in Montreal and Chicago have a proportion of 4:5, which makes them seem more "horizontal or reclining", whereas in the tallest blocks in Chicago and Toronto the relationship is 2:5 and these blocks therefore seem more "upright, dynamic" and vertically oriented.

AUTONOMY AND STRETCHING
The "shift" of the blocks between "lying" and "standing" plus the interplay between differently oriented building blocks leads to an "inner" relationship between the elements, making the composition autonomous to a certain degree. As a comparison of the models shows, the figure can therefore be realised in different dimensions. In the case of the Dominion Center in Toronto the figure is massive-

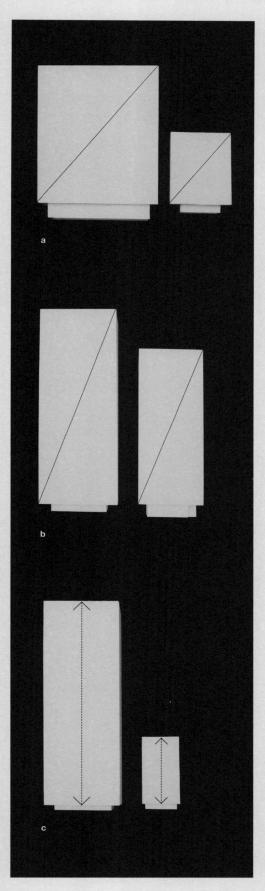

Bibliografía
· Una primera versión de este artículo se publicó en el suplemento de *Hochparterre*, Burkhalter Sumi Architekten. Sinnliche Dichte: Projekte und Studien 1999-2003, 11/2003, págs. 22-23.
· Las maquetas fueron realizadas en la EPF de Lausana en 1999 y se expusieron en el Architekturmuseum de Basilea en 2001.

Bibliography
· A first version of this article appeared in the supplement to *Hochparterre*, Burkhalter Sumi Architekten. Sinnliche Dichte: Projekte und Studien 1999-2003, 11/2003, pp. 22-23.
· The models were made at the EPF Lausanne in 1999 and were exhibited in Basel Architekturmuseum in 2001.

a. **Chicago y Montreal, proporción 4: 5.**
a. Chicago and Montreal, ratio of 4: 5.
b. **Chicago y Toronto, proporción 2: 5.**
b. Chicago and Toronto, ratio of 2: 5.
c. **Montreal y Toronto, diferencia de dimensiones.**
c. Montreal and Toronto, size difference.

var cuando se comparan las maquetas, la misma forma puede construirse con unas dimensiones distintas. En el Dominion Center de Toronto, la forma se ha alargado de forma contundente. Sus edificios altos tienen una altura tres veces superior a los de Montreal, al mismo tiempo que el zócalo más pequeño refuerza aún más el efecto de alargamiento.

CONSTELACIONES

Da la sensación de que ciertos modelos de composición de Mies van der Rohe carecen, hasta cierto punto, de escala; que es posible abstraer sus características para producir una especie de constelaciones numéricas sin que se pierda la esencia del proyecto. De esa forma, Mies debilita el instrumento de la tipología y lo subordina a la escala (una estructura gótica o un edificio con patio del siglo XIX se encuentran, en último término, ligados siempre a unas proporciones determinadas); disponiendo siempre la misma figura, o de hecho constelación, con unas dimensiones completamente diferentes. Una idea fascinante pero también ligeramente inquietante.

ly stretched. The high-rise blocks are more than three times as high as those in Montreal, while at the same time the tiered plinth is smaller, which further strengthens the "stretching" effect.

CONSTELLATIONS

It seems that certain compositional patterns by Mies van der Rohe are to some extent "scale-less", and that their characteristics can be abstracted to produce a kind of numeric constellation without losing the essence of the design. In this way Mies undermines the instrument of typology, which is always linked to scale—a Gothic structure or a 19th-century courtyard structure is ultimately always tied to a certain size—and presents the same figure, or indeed constellation, in entirely different dimensions; an idea that is fascinating but also slightly disturbing.

Próximo número
Forthcoming issue
BKK-3

n.36 Revista internacional
de arquitectura
International
Architecture Review

nexus Conversación informal con
Ilka & Andreas Ruby
An Informal Conversation with
Ilka & Andreas Ruby

2G

BKK-3
Textos de Ilka & Andreas Ruby, Yoshiharu Tsukamoto